메뉴 관리론

메뉴 관리론

성기협 · 박헌진 · 채경연 · 최미경 · 최우승 지음

Management

(주)교 문 사

머 리 말

경제의 성장과 문화의식 및 사회 환경의 변화는 외식의 성장과 범위를 넓혔고 그에 따른 고객의 욕구와 트렌드도 매우 다양해졌다. 따라서 외식업체는 이러한 고객의 특성을 이해하고 고객의 생활방식에 맞는 적절한 유형 · 무형의 상품을 생산하여 고객에게 만족을 주어야만 하는 시대에 직면해 있다. 또한 다양하고 계속적으로 변화하는 고객의 욕구를 충족시키기 위해서는 외식업에서의 핵심 분야인 메뉴를 비롯한 다른 모든 분야들이 유기적으로 연결되어 운영되어야 한다.

메뉴는 고객과의 커뮤니케이션에 사용되는 가장 중요한 부분으로 식음료 경영의 모든 분야가 이 메뉴에 의해서 시스템적으로 관리 · 통제된다. 즉, 어떤 식자재를 얼마나, 어디서, 어떻게 구매하여야 하고, 어떤 아이템을 얼마나, 어디서, 언제, 누가 생산하여야 하며, 이렇게 생산된 음식은 누가 서빙하고, 서빙에는 무엇이 필요한가가 메뉴에 의해서 결정 · 관리된다. 또한 원가, 수익, 예산 등의 식음 부문 운영의 전 과정과 식음료 경영에서 요구되는 공간의 규모, 시설, 디자인 및 도구의 선택 등과 같은 시설에 관한 사항들도 메뉴에 의해 관리된다. 이 모든 관련 요소들을 통해 고객이 원하는 메뉴를 고객이 원하는 장소와 시간에 그리고 원하는 스타일과 가격에 제공할 수 있다면 그것이 바로 성공하는 레스토랑인 것이다.

이 책은 호텔 및 외식산업 분야에 진출하려는 학생들과 창업 준비 및 외식 현장에서 실무를 담당하고 있는 종사자들이 시스템적으로 메뉴를 이해하고 이를 현장에서 적용하고 응용할 수 있도록 집필되었다.

제1~3장에서는 메뉴의 개요와 메뉴계획 및 메뉴개발의 전반적인 과정과 고려할 사항에 대해 설명하였고, 제4~5장에서는 메뉴의 가격결정방법과 원가관리분석을 통해 합리적인 가격결정을 할 수 있도록 하였다. 제6장에서는 메뉴 디자인의 개념과 구성 및 메뉴북의 제작과정과 방법에 대해 다루었으며, 제7장에서는 계획된 메뉴에 대한 분석과 평가방법에 대해 다루었다. 그리고 제8장에서는 실제 외식업계에서 사용하고 있는 메뉴마케팅을 사례를 통해 살펴보았다.

책을 구성하면서 5인의 공동저자는 전공 영역에 따라 역할 분담을 하였으며 현장경험과 학문적 연구를 바탕으로 집필하였다. 짧은 시간 동안 최선을 다해 체계적이고 실질적인 내용을 구성하려고 하였으나 앞으로 수정되어야 하는 부분이나 보완되어야 할 부분이 많을 것이라는 생각이 들다. 특히나 외식환경의 변화에 따라 외식업체의 메뉴 경영관리도 변화가 따를 것이기 때문에 이에 대한 계속적인 연구와 보완을 하고자 한다.

독자는 이 책을 통해 메뉴에 대한 개념과 기본원리 및 운영시스템을 이해함으로써 외식업계 종사자들이 꼭 필요한 지식, 실무기술과 능력을 갖출 수 있을 것이다.

부족함과 아쉬움도 많이 남지만 이 책을 출간하기 위해 밤낮으로 애쓴 5인의 저자들 스스로에게 축하의 마음을 전하고, 앞으로 더욱더 최선을 다해 노력하는 발전적인 모습으로 설 수 있기를 기대한다.

끝으로 이 책을 출간할 수 있도록 자료제공 및 도움을 주신 모든 분들께 감사의 마음을 전하며 집필에 전념할 수 있도록 이해와 배려를 아끼지 않은 가족 모두에게 감사드린다.

2010년 1월
저자 일동

차 례

Chapter 01 메뉴의 개요

Chapter 02 메뉴의 계획

Chapter 03 메뉴 상품 개발

Chapter 04 메뉴의 가격결정

Chapter 05 원가관리

Chapter 06 메뉴 디자인

Chapter 07 메뉴분석과 평가

Chapter 08 메뉴 마케팅

Chapter 01

메뉴의 개요

메뉴는 고객과 레스토랑을 연결하는 판매촉진의 매체로서 기업의 이익에 큰 영향을 준다. 따라서 메뉴에 대한 기본적인 개념을 이해하고 그 중요성을 인식하여야 한다. 제1장에서는 메뉴의 정의와 유래, 메뉴의 특성과 역할 그리고 메뉴의 종류에 대해 살펴보기로 한다.

Chapter

01 메뉴의 개요

학습목표

1. 메뉴의 정의를 설명할 수 있다.
2. 메뉴의 유래를 설명할 수 있다.
3. 메뉴의 특성에 대하여 설명할 수 있다.
4. 메뉴의 역할에 대하여 설명할 수 있다.
5. 메뉴의 종류를 분류하여 설명할 수 있다.

1. 메뉴의 정의

메뉴(menu)는 '차림표' 또는 '식단'의 뜻으로 쓰이며, 오늘날 전 세계적으로 통용되는 용어이다. 메뉴는 라틴어(minutus)에서 유래되었으며, 불어의 '미뉴트(minute)'에 해당되는 말이다. 그 의미는 '작은 목록(small list)', '상세히 기록하다'와 같으며 메뉴는 고객에게 식사로 제공되는 요리의 품목, 명칭, 형태 등을 체계적으로 알기 쉽게 설명해 놓은 상세한 목록이나 차림표라는 것을 알 수 있다.

레스토랑의 입장에서는 음식과 음료를 상품으로 구성하고 가격을 결정하여 고객이 보고 선택할 수 있도록 하는 판매 수단으로서의 목록표이며, 고객의 입장에서는 본인이 지불하는 상품의 정보를 얻을 수 있는 목록표라고 할 수 있다. 그러므로 메뉴에는 상품이나 서비스, 분위기, 가격, 기술 및 인력, 계절 감각 등과 같은 레스토랑의 모든 경영활동의 내용들이 포함되어야 하며, 그러한 요인들의 조합이 고객의 요구를 반영하거나 충족시킬 수 있을 때 좋은 음식과 좋은 서비스 그리고 좋은 메뉴의 조화가 이루어져 경영목표를 달성하는 데 반드시 필요한 것이 될 수 있다고 할 수 있다.

메뉴는 고객에 대한 레스토랑의 모든 약속을 집합시켜 놓은 하나의 통일된 양식이다.

그러므로 경영자는 메뉴를 통해 고객들이 받을 이미지, 느낌, 가격, 제공되어지는 품질 및 서비스를 예상할 수 있으며, 고객에게 메뉴는 기대하는 가치의 척도가 될 수 있다. 따라서 합리적인 메뉴는 근본적으로 메뉴 자체의 완벽성에 기초한 개념으로 평가되기보다 레스토랑이 생산하고 제공할 수 있는 제품과 서비스 및 분위기 등과 일치할 때에 완성될 수 있는 것이다.

메뉴에 대한 정의는 시대의 흐름에 따라 변화되어 왔는데, 1960년대에는 단순한 차림표로, 1970년대부터는 '마케팅과 관리'의 개념이 포함되어 있는 차림표로 정의되었으며, 1980년대부터 현재까지는 차림표의 개념보다는 강력한 '마케팅과 내부통제의 도구'로 정의되어 오고 있다. 1980년대 전후에는 영양적인 측면과 조리방식을 중심으로 한 생산지향적인 면이 강조되었지만, 레시피 중심에서 관리 중심으로 확대되어 마케팅과 관리적인 양면이 강조되고 있다.

따라서 메뉴는 고객과 레스토랑을 연결하는 판매촉진의 매체로서 레스토랑의 이익과 직결되며, 레스토랑을 대표하는 얼굴과 같은 중요한 역할을 하고 있으므로 메뉴는 내부적인 통제 도구일 뿐만 아니라 대외적인 마케팅 도구라고 정의할 수 있다.

메뉴의 정의

- 메뉴는 레스토랑 운영에 있어서 가장 중추적인 역할을 담당하는 관리 도구이며 통제 도구이다.
- 메뉴는 판매 도구이다.
- 메뉴는 가장 중요한 마케팅 도구이다.
- 메뉴는 정보의 제공자이다.
- 메뉴는 레스토랑과 고객을 연결하는 대화의 고리이며, 커뮤니케이션 도구이다.
- 메뉴는 레스토랑의 대화, 판매 그리고 PR의 도구이다.

2. 메뉴의 유래

메뉴는 호텔 및 식당의 주인이나 지배인 또는 일반 가정에서의 주인이 만들어 놓은 오늘 제공하게 될 요리를 간단, 명료하게 적어 놓은 것에서부터 사용되기 시작하였다. 본래는 주방에서 요리의 재료를 조리하는 방법에 대하여 설명한 것이었는데 이것이 처음 식탁에서 선보인 것은 1540년으로, 프랑스의 부랑위그 공작이 만찬회를 개최할 때 요리에 관한 내용, 순서 등을 작성하여 음식이 나오는 순서대로 그것을 즐겼다고 한다. 이로부터 메뉴는 귀족 간의 연회에서 유행하게 되었고, 이것이 유럽 각국에 전파되어 정찬, 즉 정식 식사의 메뉴로써 사용하게 된 것이다. 정찬을 위해 처음에는 한 장 분량으로 구성하였으나 차츰 크기가 작아져 각 좌석에 배치되었고, 식사가 끝나면 손님이 가지고 가는 것이 상식화되었다고 한다.

유럽의 왕조시대에는 어느 궁중에서든 초청된 요리장이 프랑스 사람으로 주된 구성을 이루고 있었으므로 프랑스 요리는 정식 연회의 대명사처럼 되었으며, 그 전통이 확고해져서 오늘날의 명성을 얻게 되었다. 오늘날 전 세계적으로 메뉴를 주로 불어로 표기하는 것도 이와 같은 이유 때문이다.

현재 레스토랑에서 사용하고 있는 차림표는 19세기 초에 파리에서 사용되기 시작하여 일반화되었으며, 크기와 소재 · 명칭 등은 각 레스토랑에서 창의적으로 다양하게 만들어서 사용하고 있다.

1) 메뉴의 호칭

- 한국 : 차림표 또는 식단
- 라틴어 : 미뉴터스(minutus), 상세하게 기록한 것
- 프랑스 : 미뉴트(minute), 카르테(carte)
- 미국 : 작은 목록(small list)
- 영국 : 식단 목록표(bill of fare)
- 독일 : 슈바이제카르테(speisekarte)
- 스페인 : 미뉴타(minuta)
- 중국 : 차이단저(采單子)
- 일본 : 콘다테효(獻立表)

2) 메뉴의 사전적 의미

- 웹스터(Webster) : 메뉴는 식사로서 제공되는 음식들에 관해 상세히 기록한 표 (a

detailed list of the foods served at a meal)이다.

- 옥스퍼드(Oxford) : 메뉴는 연회나 식사로서 제공되는 음식들에 관하여 상세하게 기록한 표(a detailed list of the dishes to be served at a banquet or meal)이다.
- 한영사전 : 메뉴는 차림표 또는 식단이다.

3. 메뉴의 특성

1) 메뉴의 중요성

메뉴는 레스토랑 운영의 모든 과정에 영향을 미치는데, 식음료사업 관련 영업활동이나 관리과정은 일반적으로 메뉴계획에서부터 시작된다고 할 수 있다. 이는 레스토랑의 고객에게 서비스되고 제공될 다양한 메뉴의 계획이 우선적으로 필요하며, 다음으로 결정된 메뉴에 투입되는 식재료를 합리적인 가격 및 수요량, 수용 가능한 품질, 요구되는 적절한 시기의 구매, 적절한 양과 품질을 확인하는 검수 및 수령 · 저장 · 출고가 이루어진다. 그리고 출고된 식재료를 조리과정인 메뉴재료의 준비 · 조리 및 음식의 상품화 과정을 거쳐 고객에게 제공되어 고객을 만족시키고, 나아가 판매분석과 피드백에 이르기까지 여러 단계에 걸쳐 진행된다. 이와 같이 여러 단계로 이루어진 식음료 관리과정은 메뉴에 의한 고객을 만족시키며 식음료사업의 이윤창출이라는 궁극적인 목표를 달성하게 하는데, 메뉴는 이러한 전반적인 과정에서 중추적인 역할을 하기 때문에 레스토랑 운영에 있어 반드시 필요하다.

2) 메뉴의 특성

(1) 식음료 상품의 특성

① 강한 부패성

제공되는 메뉴를 판매하기 위해서는 적절한 식재료의 구매가 필수적이다. 그러나 주문에 따라서 즉시 조리하여 제공해야 하는 시간적인 제약을 가지고 있기 때문에 다양한 식

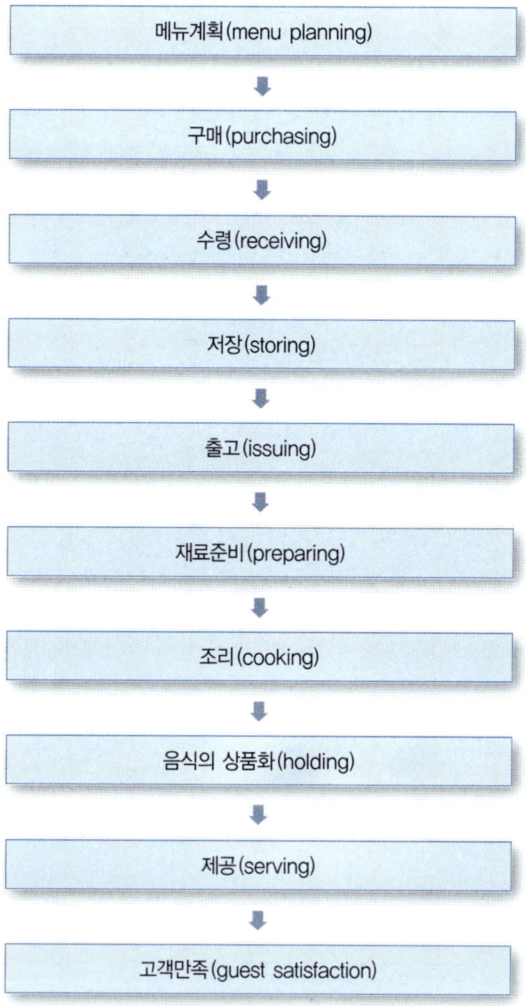

그림 1-1 식음료 부문의 관리과정

재료에 의한 재고 발생과 부패에 따른 손실 등 불필요한 경비지출 발생의 위험부담이 있으므로 가능한 수요 예측이 요구된다.

② 공간적인 제약

외식산업은 고객이 직접 업장을 찾거나 또는 원하는 곳에서 요리를 하여 제공할 수 있으므로 공간적 제약을 받는다.

③ 시간적 제약

외식산업에서 가장 문제가 되는 것으로, 단시간 내에 완전한 요리를 생산해야만 하는 시간적인 제약을 받는다. 이와 같은 상황에서는 종업원과 장비의 이용이 효율적으로 이루어지지 못하게 되는데, 고객이 몰리는 시간에 대한 정확한 분석과 한정된 좌석 및 시간에 최대의 효과를 올릴 수 있는 방법을 찾아내는 것이 성공의 조건이 될 수 있다.

④ 영업장의 시설과 분위기 등의 영향

영업장의 분위기는 고객의 식욕과 밀접한 관련이 있으며, 고객은 청결하고 색다른 분위기의 시설을 원한다.

(2) 생산상의 제약

① 생산과 판매의 동시성

메뉴는 고객의 주문에 의하여 상품이 만들어지고, 동시에 판매가 되는 특성을 갖기 때문에 일반적으로 계획생산을 할 수 없다. 또한 일정한 시간이 지나면 상품의 맛과 질이 떨어지고 이것은 상품의 가치를 떨어뜨리는 요인이 되므로 순간의 시간이 매우 중요하다.

② 주문생산의 원칙

일반 제조업 상품은 일정한 규격과 표준에 의하여 생산을 하지만, 외식산업의 경우에는 식당 내의 현장에서 고객의 주문에 의하여 상품, 즉 음식이 생산되고 그 즉시 판매가 이루어진다.

③ 수요 예측의 곤란

고객이 직접 식당을 찾아와 상품을 주문하여야 생산이 이루어지기 때문에 고객의 수를 예측하여 식재료를 구입하거나 상품을 생산하는 데 어려움이 있다. 그러나 일정 부분 예약을 통하여 수요를 예측할 수는 있다.

④ 인적 서비스에 대한 높은 의존도

외식산업에 있어서 음식 생산이 기계적으로 이루어지는 것은 극히 일부분만 의존하는 것이기 때문에 인적 자원에 대하여 높은 의존도를 나타낸다.

4. 메뉴의 역할 및 기능

메뉴란 고객과의 커뮤니케이션에 사용되는 가장 중요한 마케팅 도구이며, 식음료업장 단골고객의 여부에 대한 고객의 잠재적 욕구에 가장 큰 영향을 주고 있기 때문에 식음료 경영에 중요한 부분을 차지한다. 또한 메뉴에서 소개되는 제품 및 서비스는 고객의 메뉴 선택에 많은 영향을 주며, 식음료업장의 경영방법 및 서비스 타입 등을 결정한다.

메뉴는 관리와 마케팅의 관점, 즉 관리자와 고객의 입장에서 관리와 통제자의 역할을 하는데, 이 두 역할이 통합되는 하나의 시스템을 관리 · 통제하는 역할을 한다고 할 수 있다.

실제로 호텔 식음 부문의 관리에는 메뉴에 의해서 어떤 식자재를 얼마나, 어디서, 어떻게 구매하여야 하고, 어떤 아이템을 얼마나, 어디서, 언제, 누가 생산하여야 하며, 이렇게 생산된 음식은 누가 서빙하고, 서빙에는 무엇이 필요한지가 포함된다. 또한 원가, 수입, 예산 등의 호텔 식음 부문 운영의 전 과정이 관리될 뿐만 아니라, 요구되는 공간의 규모, 시설, 디자인 및 도구의 선택 등과 같은 시설에 관한 사항들도 메뉴에 포함되어 있다. 따라서 메뉴는 종합적인 요소들이 검토된 후 관리되는 문제라기보다는 모든 문제를 야기 시키는 전 단계의 출발점이 되어야 하므로 메뉴의 역할은 매우 중요하다고 할 수 있다.

메뉴의 역할을 살펴보면 그림 1-2와 같다.

① 레스토랑 경영의 첫 인상이자 총체적인 근원

- 메뉴는 고객과 커뮤니케이션하게 되는 최초의 판매 도구이다.
- 메뉴는 강력하고도 중요한 판매 수단이 된다.

그림 1-2 메뉴의 역할

■ 메뉴는 고객이 레스토랑을 방문하여 처음으로 접촉하게 되는 주요 상품이다.
■ 메뉴는 레스토랑의 인테리어, 분위기, 종업원 자격, 주방설비 등의 레스토랑 운영 상태를 알 수 있다.

② 레스토랑의 입지 결정

레스토랑에서는 제공되는 메뉴와 입지와의 관계가 매우 중요하다. 제공되는 메뉴구성에 따라 입지가 일반적으로 달라지기 때문이다.

③ 구매해야 할 식재료 지시

메뉴 품목에서 표준구매명세서를 통해 품질 및 분량을 지시한다.

④ 레스토랑의 수준과 주방 및 업장 종업원의 기술수준을 의미

메뉴에 따라 업장의 종류 및 서비스수준이 다르므로 필요로 하는 종업원이 달라진다. 즉, 메뉴는 주방과 업장에서 필요한 인력의 숙련도, 자격, 서비스의 난이도, 담당할 인원수 등을 결정하게 된다.

⑤ 구입해야 할 주방기기 결정

메뉴에 따라 사용해야 하는 주방기기가 달라지기 때문에 주방기기의 형태와 조리능력을 반드시 미리 숙지하여야 한다.

⑥ 주방 및 업장의 디자인과 설계에 영향

■ 메뉴의 종류에 따라 주방 및 업장이 필요로 하는 공간이 결정된다.
■ 메뉴에 따라 업장의 특색 및 고객의 욕구에 만족할 만한 실내 장식이 결정되어야 한다.

⑦ 업장에서 필요한 종업원 결정

업장의 서비스 형태에 따라 종업원의 필요성이 다르게 되는데, 예를 들어 셀프서비스 업장은 종업원을 많이 필요로 하지 않으며, 고급식당일 경우에는 서비스가 중요하므로 고객당 종업원 수가 매우 높게 나타난다.

⑧ 무언의 판매자로, 식욕촉진 유발

메뉴는 고객과 레스토랑을 연결해 주는 무언의 전달자이다. 고객은 메뉴를 통하여 자신이 구매하고자 하는 가치를 확인하고 주문하게 된다. 메뉴는 레스토랑에서 판매하는 상

품에 대하여 고객에게 그 가치를 보장하는 매개 수단이 됨으로써 판매를 촉진시키는 마케팅 도구로서도 활용이 된다.

⑨ 내부 통제 수단으로 이용

- 메뉴는 단순히 식음료의 종류를 기록, 나열하는 본래의 기능수행보다는 식음료사업의 성패를 좌우하는 역할이 한층 강조되고 있다.
- 메뉴는 고객에게 레스토랑의 이미지를 전달하는 도구이다.
- 메뉴는 내부적으로는 주방부서와 서비스 부분의 생산시스템과 서비스시스템, 시설시스템, 구매시스템, 마케팅시스템 등 가장 경제적이고 효율적으로 생산할 수 있는 내부 통제 수단이 된다. 따라서 메뉴는 식음료 경영에 있어서 통제 및 관리과정의 기본이 되는 도구로써 구매, 저장, 시설, 레이아웃, 조직, 생산성 및 서비스, 수입통제, 원가 관리 등 경영활동의 통제 수단을 모두 포함하고 있다고 할 수 있다.
- 메뉴는 고객과의 커뮤니케이션 도구로서 고객에게 그 메뉴의 속성이 명확하게 표현되어야 하며, 판매와 관련된 중요한 상품화의 수단으로서 기업의 이윤창출을 위해 관리되는 핵심 요소로 이해되어야 한다.

5. 메뉴의 종류

1) 메뉴의 구성내용 및 식사가격에 따른 분류

(1) 정식 메뉴

숙박을 제공하는 시설에서 유래된 것으로서 숙박자의 편의도모 및 여인숙의 영업상 수익 등을 고려하여 숙박에 식사를 곁들여 제공하는 미국식 요금제도, 일명 풀 펜션(full pension, full board)에서 정식 메뉴(table d' hote menu, full course menu)가 생겨났다고 볼 수 있다. 투숙한 모든 고객에게 똑같은 내용의 식사를 제공하였으며, 이것이 오늘날 정식 메뉴의 유래가 되었다. 이 메뉴는 아침, 점심, 저녁, 연회 등을 막론하고 어느 때든지 사용할 수 있으나 그 구성이 되는 코스는 정해진 순서에 따라서 제공되며 고객의 선택이 제한된 메뉴이다. 정식 메뉴의 특징은 다음과 같다.

① 장 점

- 신속한 서비스로 좌석회전율을 높일 수 있다.
- 가격이 저렴하다.
- 식자재의 관리가 용이하다.
- 원가가 절감된다.
- 메뉴 관리가 용이하다.
- 신속하고 능률적인 서브를 할 수 있다.
- 조리과정이 용이하므로 인력을 감소할 수 있다.
- 메뉴에 대한 지식이 없어도 주문이 쉽다.

② 단 점

- 고객의 입장에서 선택의 폭이 좁다.
- 가격의 변화에 적절하게 대처할 수 있는 유연성이 결여되어 있다.
- 코스에 포함되어 있는 품목의 수가 제한되어 있다.
- 창의적인 메뉴와 서비스가 부족하다.
- 종사원의 능력개발 기회가 적다.

③ 정식 메뉴의 구성

- 점심(luncheon) : 3~4 코스
- 정찬(dinner) : 4~5 코스
- 저녁(supper) : 2~3 코스
- 연회(banquet) : 5~6 코스

④ 정식 메뉴의 순서

- 전채(appetizer, hors d' oeuvre ; 오르되브르)
- 수프(soup, potage ; 포타주)
- 생선(fish, poisson ; 푸아송)
- 주 요리 및 채소(main dish & salad, entree salad ; 앙트레 샐러드)
- 후식(dessert ; 디저트)
- 식후음료(demi tasse boisson, beverage ; 베버리지)

(2) 일품요리

일품요리(a la carte menu) 메뉴는 각 코스별로 여러 종류의 메뉴를 나열해 놓으면 고객이 기호에 따라 음식을 선택하고, 주문에 의해 음식이 제공되며, 선택한 음식에 대해서만 가격을 지불하도록 구성되어 있다. 메뉴이며 주로 고급레스토랑에서 많이 이용되고 있는 것으로 표준 메뉴 또는 고정 메뉴라고도 한다. 일품요리 메뉴는 레스토랑에서 주가 되는 차림표로서 그 구성은 가장 정통적인 정식 식사의 순서에 따라 각 순서마다 몇 가지씩 요리품목을 명시하는 것이다. 따라서 고객의 기호에 따라 다양하게 메뉴를 선택할 수 있고, 가격이 정식보다 비교적 비싼 편이며 각 품목별로 고정되어 있어서 가격조정과 통제가 어려운 특징을 갖고 있다.

이 메뉴는 한 번 작성되면 다시 변경되는 일은 거의 없고, 계절에 따라 일부분만 바꿔거나 일 년에 한 번 변경 · 수정되는 정도이다. 따라서 조리사나 조달부서에 있어서는 재료구입이나 계획, 요리준비나 조리 등 매일 같은 일을 반복하게 되므로 업무의 단순화 또는 능숙화라는 이점은 있으나, 새로운 메뉴개발이 없는 이상 고객에게 보다 나은 요리나 기술을 제공할 수 없다는 단점이 있다.

(3) 특별 메뉴

특별 메뉴(daily special menu, carte de jour ; 카르트 드 주르)는 매일 시장에서 입수되는 재료를 기초로 주방장이 본인의 기술을 발휘하여 고객의 식욕을 돋우게 하기 위하여 만든 메뉴이다. 이때 구입하는 재료는 시장에서 가장 좋은 양질의 재료로서 적절한 가격으로 때와 장소에 따라 신선하고 계절 감각을 살릴 수 있는 것이라야 한다. 특히 특정 시기 동안 이용 가능한 식재료를 바탕으로 성수기에 질 좋고 저렴한 식재료를 선택하여 합리적인 가격결정이 이루어지므로 선호되는 메뉴이며, 원가 및 품질관리에 유리하고 계절메뉴 등을 선보일 수 있으나 메뉴개발과 재료구입에 있어서 다양성과 복잡성이 요구된다.

이러한 당일의 특별 메뉴를 제공하는 것은 다음과 같은 레스토랑 운영상의 장점을 높일 수 있다.

- 매일매일 준비된 상품으로 빠른 서비스를 할 수 있다.
- 재료 사용상의 재고품 판매를 꾀할 수 있다.

- 고객의 선택을 흥미롭게 도와줄 수 있으며, 새로운 메뉴로 고정 고객의 미각을 자극할 수 있다.
- 판매증진효과를 볼 수 있다.
- 종사원들이 매일 새로운 메뉴제공 업무로 변화를 기할 수 있다.
- 계절을 느낄 수 있다.
- 레스토랑의 긍정적인 이미지 구축에 도움이 된다.

2) 메뉴의 이용 빈도에 따른 분류

(1) 고정 메뉴

고정 메뉴(fixed, static, standardized menu)는 정식 메뉴, 일품 메뉴 그리고 단기 메뉴를 모두 포함하는 것으로 고객에게 제공될 품목을 메뉴상에 인쇄하여 일정기간 동안 같은 품목을 반복하여 제공하는 메뉴를 말한다.

고정 메뉴의 특징

- 주어진 기간 동안 같은 메뉴만을 반복하여 사용하기 때문에 원가가 절감되고 생산성이 높아진다.
- 원가와 음식 패턴의 변화에 유연성 있게 대처할 수가 없다.
- 메뉴의 관리가 쉽다.
- 신속한 생산과 서비스로 좌석회전율을 높일 수 있다.

(2) 순환 메뉴

특별 기간이나 날짜를 주기로 하여 메뉴를 순환시키며 교체하여 제공하기 때문에 순환 메뉴(cyclical menu)라고 한다.

(3) 시장 메뉴

오늘의 특선 메뉴 혹은 주간 메뉴처럼 매일 또는 주간별로 메뉴를 교체하여 제공하는 것이다. 시장 메뉴(market menu)는 계절에 따라 좋은 식재료를 활용하여 원가관리와 품질관리에 매우 유리하며, 계절감을 나타내어 고객의 변화하는 욕구에 활력을 줄 수 있다.

그러나 창의력 개발과 재료구입에 압박을 받을 수 있다.

3) 메뉴의 제공시간에 따른 분류

(1) 조식 메뉴

- 아메리칸 브렉퍼스트(american breakfast) : 과일, 주스류, 시리얼, 달걀요리, 케이크류, 음료, 빵, 토스트와 같이 각종 음식이 다채롭게 제공되는 것이 특징이다.
- 콘티넨탈 브렉퍼스트(continental breakfast) : 간단한 식사로 주스, 빵, 음료, 커피 등으로 구성된다.
- 비엔나 브렉퍼스트(vienna breakfast) : 간단한 달걀요리와 롤빵, 커피나 우유가 제공되는 식사이다.
- 잉글리시 브렉퍼스트(english breakfast) : 미국식과 같으나 생선요리가 추가되는 것이 특징이다.

(2) 브런치 메뉴

브런치 메뉴(brunch menu)는 조찬(breakfast)과 점심(lunch)의 합성어로 아침과 점심의 중간쯤에 먹는 식사이며, 주로 일요일의 아침과 점심 사이에 제공된다.

(3) 점심 메뉴

점심 메뉴(lunch or luncheon menu)는 저녁 메뉴보다 가볍고 저렴한 가격으로 제공되며 오늘의 메뉴, 주방장 특선이 정식코스에 따라 제공된다.

(4) 저녁 메뉴

저녁 메뉴(dinner menu)는 하루 중 가장 비중이 큰 식사로, 다양한 형태의 식사를 즐길 수 있으며 가격이 비싼 것이 특징이다.

(5) 서퍼 메뉴

서퍼 메뉴(supper menu)는 늦은 저녁식사 또는 밤참에 사용되는 메뉴로, 각종 모임이나 행사 후에 이용되는 가벼운 음식이 2~3코스로 구성된다. 이 메뉴의 경우에는 소화가 쉽게 되는 것으로 식재료와 조리법을 고려하는 것이 좋다.

4) 다양한 메뉴의 종류

(1) 연중 메뉴

연중 메뉴(all-year-round menu)는 레스토랑의 대표 메뉴로서 고객의 선호도와 매출의 기여도가 높은 메뉴이며, 한 번 작성되면 연중 내내 사용된다.

(2) 계절 메뉴

계절 메뉴(seasonal menu)는 한 계절에 맞게 작성된 것으로 그 계절을 대표할 수 있는 요리를 중심으로 구성된다.

(3) 오늘의 요리

오늘의 요리(menu of the day)는 그날의 메뉴로서 당일 특별요리를 메뉴에 제시한다.

(4) 연회 메뉴

연회 메뉴(banquet menu)는 정식 메뉴와 일품요리 메뉴의 성격을 겸한 것으로, 다양한 일품요리 메뉴를 고객의 선택에 의해 정식 메뉴로 구성하는 형태이다. 고객의 요구에 따라 음식 유형, 조리방법이 달라지고 연회비용, 고객의 수, 좌석배치, 서비스 유형, 소요시간과 기타 사항들에 의해 메뉴의 구성이 달라질 수 있다. 소연회 메뉴(the ball menu)도 포함된다.

(5) 뷔페 메뉴

뷔페 메뉴(buffet menu)는 일정한 요금을 지불하고 직접 본인의 기호와 식사량에 맞게 골라 먹을 수 있도록 만들어진 메뉴이다.

(6) 건강식 메뉴

건강식 메뉴(health food menu)는 환자나 건강을 필요로 하는 사람들을 대상으로 해서

만든 스태미나 요리로 구성된 메뉴이다. 소식이나 미용식을 위한 다이어트 메뉴 등도 포함된다.

(7) 경식 메뉴

경식 메뉴(light menu)는 단식 중인 고객이나 비만인 고객을 위한 메뉴로서 생선, 달걀, 우유, 치즈, 과일주스 등으로 구성된다.

(8) 채식 메뉴

채식 메뉴(vegetarian menu)는 채소를 주 재료로 하고, 달걀과 우유는 제한적으로 사용된다.

표 1-1 메뉴의 분류

분류방법	메뉴 종류
메뉴의 구성내용 및 식사 가격	정식 메뉴(table d' hote menu, full course menu) 일품요리(a la carte menu) 특별 메뉴(daily special menu, carte de jour)
메뉴의 이용 빈도	고정 메뉴(fixed, static, standardized menu) 순환 메뉴(cyclical menu) 시장 메뉴(market menu)
메뉴의 제공시간	조식 메뉴(breakfast menu) 브런치 메뉴(brunch menu) 점심 메뉴(lunch or luncheon menu) 저녁 메뉴(dinner menu) 가벼운 메뉴(supper menu)
다양한 메뉴	연중 메뉴(all-year-round menu) 계절 메뉴(seasonal menu) 오늘의 요리(menu of the day) 연회장 메뉴(banquet menu) 소연회 메뉴(the ball menu) 뷔페 메뉴(buffet menu) 건강식 메뉴(health food menu) 경식 메뉴(light menu) 채식 메뉴(vegetarian menu)

Chapter 02

메뉴의 계획

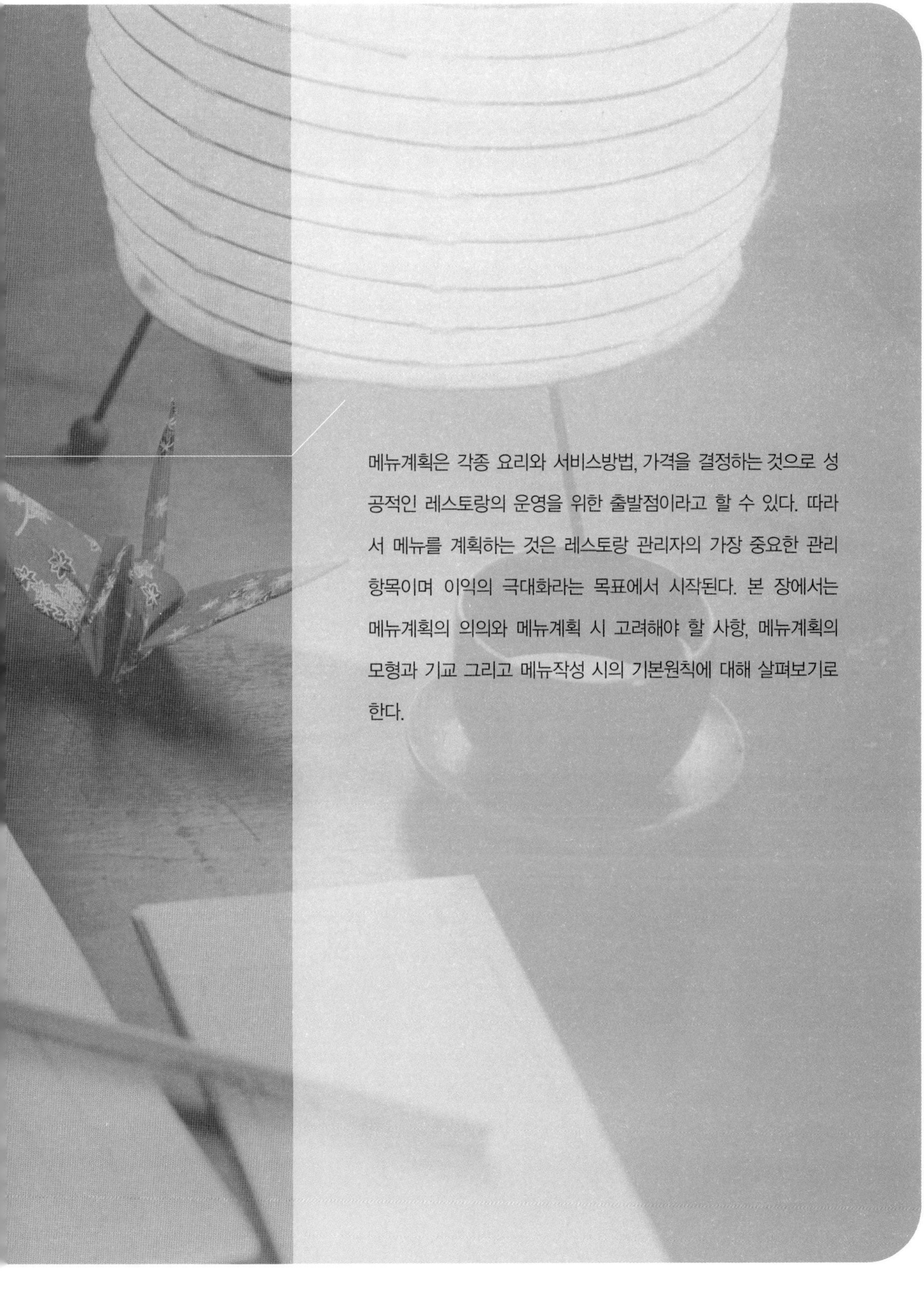

메뉴계획은 각종 요리와 서비스방법, 가격을 결정하는 것으로 성공적인 레스토랑의 운영을 위한 출발점이라고 할 수 있다. 따라서 메뉴를 계획하는 것은 레스토랑 관리자의 가장 중요한 관리항목이며 이익의 극대화라는 목표에서 시작된다. 본 장에서는 메뉴계획의 의의와 메뉴계획 시 고려해야 할 사항, 메뉴계획의 모형과 기교 그리고 메뉴작성 시의 기본원칙에 대해 살펴보기로 한다.

Chapter

02 메뉴의 계획

학습목표

1. 메뉴계획의 의의를 설명할 수 있다.
2. 메뉴계획 시 고려해야 할 사항에 대하여 설명할 수 있다.
3. 메뉴계획의 모형에 대하여 설명할 수 있다.
4. 메뉴계획의 기교에 대하여 설명할 수 있다.
5. 메뉴작성 시 기본원칙에 대하여 설명할 수 있다.

1. 메뉴계획의 의의

메뉴계획이란 '업종 및 업태별 특성과 영업방법에 따라 고객에게 제공되는 음식의 종류와 가격을 결정하여 고객만족을 통한 조직의 목표를 달성할 수 있도록 준비하는 일련의 '기획과정' 을 말한다.

메뉴계획은 종종 메뉴작성이라고 부르기도 하는데, 제공될 여러 가지 음식에 대한 메뉴를 미리 결정하는 것을 말한다. 메뉴계획은 고객만족을 통한 이익의 극대화라는 목표에서 시작되는 마케팅의 출발점이라고 할 수 있다. 따라서 레스토랑의 콘셉트와 사명을 정확히 설정하고 그에 따른 사항들을 정확히 반영시켜야 하므로 성공적인 레스토랑의 운영을 위한 관리자의 가장 중요한 관리 항목 중 하나라고 할 수 있다.

메뉴의 계획은 각종 요리와 기본 조리법 및 서비스방법에 대한 지식이 요구되는 과학인 동시에 예술이다. 즉, 음식의 영양가에 대한 이해와 음식의 미식적인 감각을 지녀야 하며, 메뉴계획에 따른 비용도 간과할 수 없으므로 고객의 부담을 덜어 주고 주방의 원가에 맞게 계획하는 경제적 요소도 필요로 한다. 또한 레스토랑, 주방, 설비, 인원 등을 고려해 정해진 시간에 음식을 조리하여 제공할 수 있는지, 서비스 형태에 맞는 메뉴인지를 알고 메뉴를 계획해야 하는 실제적인 측면도 생각해야 한다.

성공적인 메뉴계획이란 어디서 누구에게 무엇을 구매하여, 얼마나 다양하게 어떠한 방법으로 조리하고, 언제, 얼마의 가격으로 얼마나, 어떻게 제공하여야 하는가 등을 고려하는 것으로 고객이 원하는 아이템 및 조직의 목표를 달성할 수 있는 가장 이상적인 아이템과 아이템의 수 그리고 다양성을 결정하는 것이다. 이것은 합리적인 메뉴계획과정을 거쳐 팀워크에 의하여 실행되어야 하며, 모방이 아닌 창조가 되어야 한다. 이러한 과정을 통해야만 차별화된 아이템이 선정될 수 있고 차별화된 아이템만이 가격경쟁에서 우위에 설 수 있게 된다. 바람직한 메뉴계획관리활동을 위해서는 다음과 같은 요소가 필요하다.

1) 고객에 대한 이해

메뉴의 계획은 고객을 잘 이해하는 것에서 시작해야 한다. 메뉴를 선정할 때에는 자신의 기호가 아닌 고객의 기호가 고려되어야 하며 고객의 기호는 고객과의 인터뷰, 설문조사, 고객카드, 생산과 판매기록 등을 통해서 알 수 있다.

2) 레스토랑 운영 형태

(1) 테마 또는 요리의 형태

메뉴의 선정이 적절한 것인가를 결정하는 데 도움이 된다.

(2) 주방장비

메뉴작성자는 주방장비의 형태와 조리능력을 반드시 알아야 하며, 메뉴를 계획할 때에는 주방장비에 맞추어 업무를 고루 분산해야 한다. 따라서 메뉴계획은 레스토랑의 조리방법과 주방장비의 상관관계를 고려하여 결정하여야 한다.

(3) 인 력

종업원의 수나 그 기술은 메뉴에 어떤 품목을 사용할 것인가를 결정하는 데 도움이 되며, 주의 깊은 메뉴 품목의 선정은 업무를 고르게 분배할 수 있다.

(4) 음식수준의 기준

모든 메뉴 품목은 레스토랑 운영기준에 적합해야 하므로, 메뉴작성자는 적절한 질을 유지하여 준비할 수 없는 아이템이 메뉴에 포함되지 않도록 유의하여야 한다.

(5) 예 산

메뉴작성자는 메뉴계획 시 반드시 예산을 인지해야 한다.

3) 아이템 선정

메뉴의 코스는 전채, 샐러드, 주 요리, 전분음식, 채소, 디저트, 음료로 구분할 수 있으며 메뉴작성자는 이러한 범주 내에서 어떻게 새로운 메뉴를 구성하고 기존 메뉴를 개선할 수 있는지 고려해야 한다. 아이템 선정 시에는 다음 사항을 참고한다.

- 기존 메뉴
- 서 적
- 잡 지
- 가정용 요리책

4) 메뉴의 균형

(1) 사업적 균형

음식비용과 메뉴의 가격, 선호도 및 다른 비용과 마케팅에 대한 고려이다. 레스토랑에서는 메뉴가 반드시 이익을 내야 하며, 메뉴는 이 목표를 전제로 검토되어야 한다.

(2) 심미적 균형

음식의 색상, 텍스처, 맛과 향 등을 얼마만큼 고려하여 음식을 준비하느냐의 문제이다.

(3) 영양학적 균형

현재는 건강을 생각하는 웰빙 성향이 레스토랑 경영에도 중요한 콘셉트로 작용하므로 메뉴작성자는 제공되는 음식을 영양학적으로도 고려해야 한다.

2. 메뉴계획 시 고려사항

메뉴계획은 제공될 여러 가지 음식에 대한 메뉴를 미리 결정하는 것을 말한다. 매일 같은 고객들에게 서비스하는 공공기관이나 음식점에서 한정된 가격을 유지하면서 다양한 음식을 마련하는 것은 쉽지 않다. 따라서 메뉴계획은 근본적으로 호텔, 레스토랑의 영업 전반에 영향을 미치기 때문에 각 업장의 입지조건과 판매표적시장 및 고객의 동향을 철저히 분석한 후 고객의 욕구 충족과 경영전략 차원에서 이루어져야 한다. 다음은 메뉴계획 시 고려해야 할 사항들에 대한 설명이다.

(1) 고객의 욕구 파악

메뉴계획 시 고려해야 할 첫 번째 요건은 그 메뉴가 누구를 대상으로 계획되고 있으며, 그들이 선호하는 것이 무엇인가를 아는 것이다. 공공기관과 같이 매일 세 끼 식사를 모두 제공하는 곳에서는 메뉴작성자는 영양학적 관점에서 고객에게 무엇이 필요한가를 고려해야만 한다.

새롭게 계획 중인 음식점이나 기존의 음식점에서도 시장조사를 통하여 잠재적 고객을 발견하고 그들에게 접근하는 방법을 결정함으로써 이익을 얻을 수 있다. 이때에는 현재의 고객이 누구이며, 그 사람들의 흥미를 끌 수 있는 음식의 종류가 무엇인가를 알고 있어야만 한다. 현재의 경향은 전체적 운영, 즉 메뉴, 서비스, 실내 장식 등을 고객의 한 가지 특수한 유형에 맞추어 그들의 흥미를 유발할 수 있는 판매계획을 세우는 것이라고 할 수 있다.

(2) 식당 입지

현재 음식점이 위치하고 있는 주위환경을 분석하여 음식점의 이용 가능한 잠재고객을 파악해야 한다.

(3) 원가와 수익성 관계

음식점 서비스에서 식품가격관리의 계획을 치밀하게 세운다 해도 메뉴의 원가가 높은 식품들로 구성되어 부담이 클 경우에는 그 계획이 제대로 실현될 수 없을 것이다. 메뉴작성자는 그 업체의 전체적인 원가의 목표를 항상 염두에 두어야 하는데, 식재료의 원가는 음식점의 수익과 직결되기 때문이다.

(4) 조리설비 및 기기의 수용능력

주방에 튀김기가 두 개뿐인데, 그 중 하나를 매일 프렌치프라이드 포테이토용으로 사용한다면, 메뉴에 두 가지 혹은 그 이상의 프라이드 품목을 넣는 것은 잘못된 계획이다. 따라서 메뉴계획 담당자는 조리기구의 한계를 항상 염두에 두어야 한다.

메뉴작성자는 사용가능한 조리기구와 그 한계성에 익숙해야 하며, 메뉴의 수요가 주방의 능력을 초과하지 않도록 주방장이나 지배인과 긴밀히 협조해야 한다.

(5) 원활한 식재료 구입(구입 가능한 식품)

메뉴작성자는 사용되고 있는 메뉴에 어떤 식품이 필요한가를 알고 있어야 한다. 특히 상하기 쉬운 식품들은 바로 소비하도록 해야 한다. 잘 운영되고 있는 레스토랑 서비스의 목표는 준비할 식품을 적당히 주문해서 나머지를 최소한으로 줄이는 것이다.

식재료 구입부서나 담당자는 시장조건에 대한 정보를 메뉴작성자에게 제공할 책임이 있다.

(6) 식재료의 다양한 활용가능성

식재료를 다양하게 활용하여 메뉴를 작성하는 것이 필요하다. 저장된 식재료가 많아질 경우 조리법이나 식재료의 변화를 통한 음식의 다양성을 가질 수 있는 것을 고려해야 한다.

(7) 영양적 요소

최근에는 영양적 요소에 대한 고객들의 관심이 높아지고 있으므로 음식의 품질과 맛, 모양 이외에 영양적 균형을 함께 고려하여 계획하여야 한다. 특히 건강식이나 웰빙 푸드 및 다이어트식의 관심이 증가하고 있으므로 이러한 영양적 요소가 고려된 메뉴개발이 필요하다.

표 2-1 요리의 세분화(segmentation ; 대상으로 하는 고객에게 적용한 세분화)

구 분	대 상	목 적
베이비 푸드	어린이 대상 요리	건강 지향 요리
다이어트 지향 요리	통상의 요리	종교신자 지향 요리
고령자 지향 요리	환자 대상 요리	특정 용도 지향 요리

자료 : 외식비지니스, 미야 에이지, 한국산업훈련연구소(1998), p. 87.

(8) 다양성

제공되는 메뉴가 한정되고 고객이 바뀐다 해도 서비스하는 음식은 식욕을 돋울 수 있도록 제공하여야 한다. 따라서 고객이 선호하는 메뉴를 어느 정도는 다양하게 갖추어야 하며, 이들 메뉴 중에는 특히 식욕을 자극할 수 있는 매력 있는 메뉴가 포함되어야 한다. 이와 같이 다양성을 추구해 나가기 위해 요리를 세분화시키고, 메뉴의 폭과 다양성을 동시에 추진하게 되면 보다 효과적으로 달성할 수 있을 것이다.

(9) 독창적인 메뉴(새로운 음식)

메뉴작성자는 새롭고 흥미 있는 음식을 계속 찾아내기 위한 새로운 아이디어를 얻기 위하여 식음료 서비스에 관한 서적 및 음식점과 업계의 전문지를 읽거나 비슷한 식음료 서비스업체를 방문하는 것도 새로운 메뉴를 개발하는 데 도움을 줄 수 있다.

(10) 시간대별 · 계절별 메뉴

각 식사시간대에 적합한 조리시간과 식사속도를 고려하여 메뉴선택을 고려하여야 한다. 또한 각 계절에 맞는 계절 메뉴로 구성하는 것도 필요하며, 특별한 기념일에는 적절한 특별 음식으로 구성된 메뉴를 제공하는 것이 고려되어야 한다.

(11) 메뉴에 적합한 주류 메뉴

메뉴제공 시 적합한 음료 메뉴를 개발하여 상호 상승효과가 나타날 수 있도록 한다.

(12) 접시 배열

접시 위에 음식을 배열하는 것은 고객의 흥미를 유발하는 것과 많은 관계가 있다.

메뉴계획에서 고려되어야 할 사항

경영관리 측면

- 테마 및 분위기 : 대부분의 업장에서 제공하고자 하는 방향의 주력 메뉴와 그에 맞는 업장 분위기를 나타낼 수 있도록 한다.
- 메뉴계획전략 : 업장의 이미지를 가장 강하게 전달할 수 있는 제한된 메뉴를 계획하는 것이며, 이러한 전략은 제품생산과정에서 원가절감의 높은 효율성을 나타내도록 합리성을 추구하여야 한다.
- 새로운 대체 품목의 개발 : 고객의 욕구에 빠르게 대응하기 위해서는 알맞은 메뉴 품목 개발에 주력해야 한다. 현재 편의 식품의 개발로 식재료의 구입이 대체 품목으로 제공되는 등 편리해졌다.
- 경쟁업체 : 경쟁업체의 메뉴가격, 고객의 외식 목적 등을 파악하여 경쟁적으로 우위에 있도록 차별화전략을 시도한다.
- 메뉴 재료의 유용성 : 시장성을 고려하여 효율적인 식재료 구매를 하여야 하며, 계절적 메뉴는 이러한 시장성을 고려한 메뉴로서 신선한 재료로 값싸게 음식을 제공할 수 있는 장점이 있다.
- 설비시설 및 설계 : 메뉴에 제시된 제품을 만들 수 있는 주방시설이 구비되어야 하며, 공간의 크기와 주방기기의 종류 및 수용능력은 조리사의 수와 생산 가능한 제품의 양을 결정하므로 시설관리 측면에 따라 설치되어야 한다.
- 조리요원 : 조리요원의 능력 및 기술은 조리요원의 수, 고용시간 등을 조정하는 요인이 되므로 패스트푸드와 같은 제한된 메뉴는 많은 인원이 필요하지 않다. 그러나 고급식당은 메뉴가 다양해지므로 숙련된 기술 및 많은 수의 요원이 필요하다.
- 수입과 원가관리 : 메뉴판매에 따른 예상매출액을 고려하여 원가관리를 하여야 하며 재료비, 인건비, 간접비 등을 분리하여 통제하여야 한다.
- 예산 : 통제 수단으로서의 예산은 운영예산을 뜻하며, 운영예산은 얼마나 많은 소득과 비용이 발생하여 목표와 일치하는가를 추정하기 위한 계획이다.
- 위생 : 식중독이 발생하지 않도록 위생관리를 철저하게 해야 한다.

마케팅 측면

- 고객의 욕구 : 고객의 만족도를 충족시키기 위해서는 이용고객층에 대한 연령, 성별, 직업, 경제상황 등의 인구통계학적 요인을 파악하여야 한다. 또한 음식에 대한 선호경향은 가족의 전통 및 식생활, 윤리적 배경, 지역적 선호도, 종교적 전통에 의해 제한적 영향을 받는다.
- 메뉴의 다양성 : 메뉴 품목뿐만 아니라 색깔, 형태, 음식의 종류와 조리방법에 따라 다르기 때문에 다양한 메뉴를 제공하는 것이 중요하다.
- 풍미의 조화 : 풍미는 음식의 맛에 영향을 주는 가장 중요한 요소로서 여러 종류의 풍미는 서로 보완을 한다. 그러므로 맛을 가미시키는 향과 제철의 수확기를 고려하여야 한다.
- 영양적 요소 : 모든 고객의 생활수준과 대사과정은 개인 연령, 성별, 활동성에 따라 열량요구량이 다르므로 이를 고려해야 한다.

메뉴 디자인 측면

- 메뉴는 운영 측면을 나타내 주는 내적 마케팅 도구로서 효율적으로 공간을 활용하여야 한다.
- 메뉴북의 표지에 시선을 집중시켜야 한다.
- 메뉴북의 크기는 테이블에서 쉽게 다룰 수 있는 정도여야 한다.

- 메뉴 품목의 이름은 이해가 쉬워야 하며, 활자의 종류와 크기는 읽기 쉬워야 한다.
- 메뉴북으로는 견고한 종이를 사용해야 한다.
- 메뉴 품목의 설명은 시각적으로 명확하고 흥미를 줄 수 있어야 한다.
- 문법, 철자, 가격 등 모든 안내는 정확해야 한다.
- 주력 메뉴 품목의 위치를 선정한다.
- 가격변동이나 메뉴 품목의 교환시기에는 새로운 메뉴를 제작하여 제공하도록 한다.
- 영업장의 이름, 위치, 전화번호, 영업시간을 메뉴북에 기재한다.
- 가능한 한 메뉴를 다양하게 구성하여 각각의 고객의 욕구를 고려한다.

표 2-2 메뉴계획 시 고려사항

경영관리 측면	마케팅 측면	메뉴북의 디자인 측면
테마 및 분위기	고객의 욕구	공간 활용
메뉴계획 전략	메뉴의 다양성	메뉴 표지
새로운 대체 품목의 개발	풍미의 조화	메뉴 크기
경쟁업체	영양적 요소	메뉴 품목
메뉴재료의 유용성		메뉴 재질
설비 시설 및 설계		메뉴 설명
조리요원		정확도
수입과 원가관리		위치 선정
예 산		새로운 메뉴 제공
위 생		영업장 정보 기재
		다양한 메뉴구성

3. 메뉴계획 모형

메뉴를 계획하기 전이나 계획하는 과정에서 고려되어야 할 변수들은 무수히 많지만 크게 기업의 관리자적인 관점(조직)과 고객의 관점(시장)이 무엇보다도 중요하다.

고객은 메뉴를 통하여 레스토랑이 전달하고자 하는 의미를 파악하여 메뉴를 선택하고, 기업은 그들이 전달하고자 하는 메시지를 메뉴를 통하여 고객에게 전달한다. 따라서 메뉴는 고객만족이라는 측면과 기업이 추구하는 이윤극대화라는 측면을 동시에 수행하여야 하는데, 이것을 메뉴의 양면성이라고 한다.

이 두 가지의 관점을 중심으로 발표된 메뉴계획에 관한 모형 중 가장 적합한 모형이라고 평가된 세 개의 모형을 중심으로 메뉴계획과정에서 고려되어야 하는 사항들을 알아보고자 한다.

1) 칸의 모형

고객은 메뉴를 통하여 레스토랑이 전달하고자 하는 의미를 파악하여 메뉴를 선택하며, 또한 기업은 그들이 전달하고자 하는 메시지를 메뉴를 통하여 고객에게 전달하게 된다. 칸(Mahmood A. Khan)의 모형은 메뉴계획 시 고려되는 요인들을 기업의 측면과 고객의 측면에서 동시에 다룬 모형으로 고객의 관점을 구체화하였다.

(1) 관리자의 관점

- 조직의 목표와 목적(organizational goals and objectives)
- 예산(budget)
- 식자재에 대한 공급시장의 조건(market condition)
- 시설과 장비(equipment and facilities)

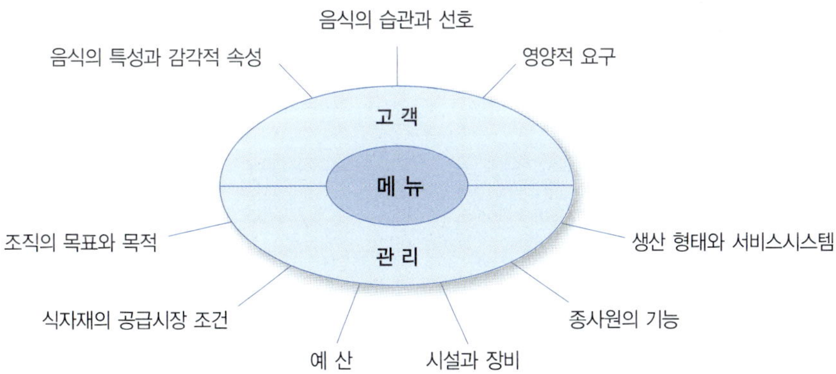

그림 2-1 칸의 메뉴계획 모형

자료 : Mahmood A. Khan(1991), Concept of Foodservice Operations and Management, 2nd ed., VNR, p.41; Idem(1993), VNR's Encyclopedia of Hospitality and Tourism VNR, p. 89.

■ 종사원의 기술(personnel skills)

■ 생산형태와 서비스시스템(production types and service systems)

(2) 고객의 관점

■ 영양적인 요구(nutritional requirements)

■ 음식에 관한 습관과 선호(food habits and preferences)

■ 음식의 특성(음식 자체)

2) 나인메이어의 모형

나인메이어(Ninemeier)의 메뉴계획 모형은 관리자와 고객을 중심으로 메뉴계획 시 고려해야 하는 변수들을 세부적으로 구체화한 것으로 고객, 제공될 아이템의 질, 원가, 가능성, 최대의 생산량과 영업적인 문제, 주방시설의 문제, 그리고 주방기기의 문제 등을 메뉴를 계획하는 과정에서 메뉴작성자가 고려해야 할 주요 사항으로 발전시킨 모형이다. 또한 제공되는 아이템의 질과 고객을 중심으로 모형을 구체화하였으며, 칸의 모형보다 마케팅 측면을 더욱 구체화한 것으로 평가되고 있다.

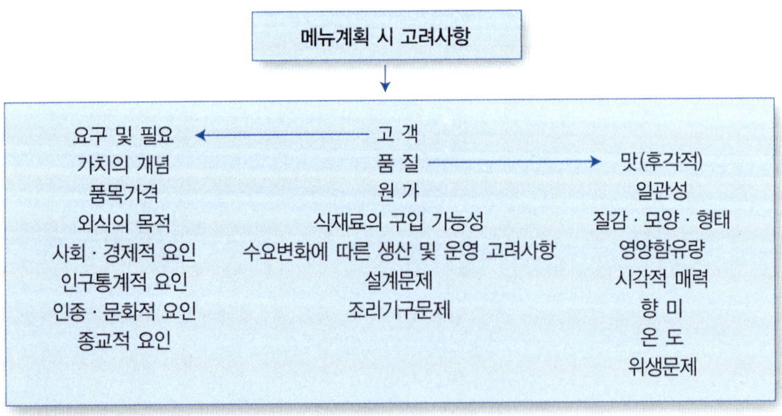

그림 2-2 나인메이어의 메뉴계획 모형

자료 : Ninemeier, Jack D., Principle of F&B operation, East Lansing, The Educational Institute of the AH & MA(1984), pp. 116~117.

3) 크렉의 모형

크렉(Kreck)의 모형은 투입, 과정, 산출 세 개의 부분으로 구성되어 있다. 그리고 이 모형의 투입 요소는 식음부문의 운영에 요구되는 통합시스템 모형으로 얻어지는 정보에 의해서 결정되며, 이러한 정보를 이용하여 성공적인 메뉴가 계획될 수 있는 것이다. 성공적인 메뉴란 고객의 만족과 조직의 목표를 동시에 달성할 수 있는 결과를 가져 올 수 있도록 계획된 메뉴를 말한다. 즉, 투입되는 요소는 노동력과 자본 및 기술력, 정보력으로 레스토랑에서 상품이 변환하여 이를 고객에게 제공하는 결과물로 나타내었으며, 산출물은 성공적인 메뉴와 상품 및 서비스의 제공에 의한 고객만족, 그리고 기업의 이익창출인 조직의 목표달성을 나타내고 있다.

크렉은 이 모형을 보다 구체화하여 산출결과를 분석하고, 분석된 결과를 설정된 표준과 비교 · 평가하여 필요한 개선책을 다음 메뉴계획 시에 반영하는 완전한 메뉴계획 모형을 제시하였다.

그림 2-3 크렉의 메뉴계획 모형

자료 : Lothar A. Kreck Menu ; Analysis and Planning, 2nd ed., CBI Book(1984), p. 30.

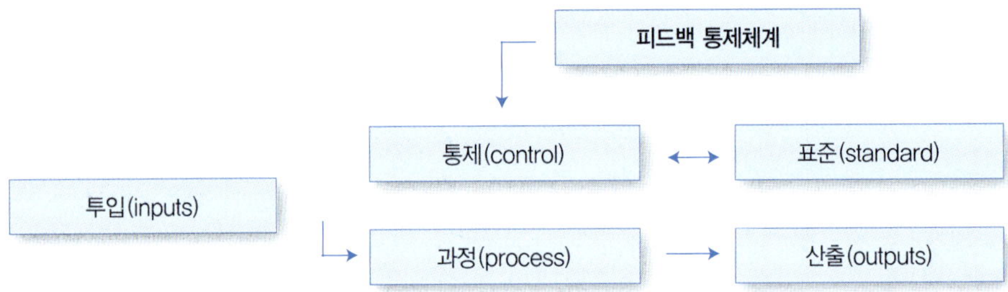

그림 2-4 완전한 메뉴계획 모형

자료 : Lothar A. Kreck Menu ; Analysis and Planning, 2nd ed., CBI Book(1984), p. 147.

4) 쉐징 모형

쉐징(Schaetzing)은 메뉴와 영향관계가 있는 요인으로 그림 2-5와 같은 항목을 제시하였다.

그림 2-5 메뉴의 영향 요소

자료 : Schaetzing, E.E. Management in Hotellerie & Gastronomie, 4. Auflage, Deutscher Fachverlag(1992), p. 67.

4. 메뉴계획 기교

주간 메뉴를 작성하기 위해 큰 종이를 준비하여 가로 칸에는 날짜를 표시하고 세로 칸에는 식사를 표시한다. 메뉴북에 이미 제시된 메뉴라도 영업환경이나 사회적 여건의 변화 등에 따라 메뉴작성자는 메뉴를 탄력적으로 변화시킬 수 있는 기교(유연성)적인 측면에 대한 연구가 필요하다. 예를 들어, 여러 가지 변화에 따른 식재료의 수급차질에 의한 식재료의 가격변동이나 특정 메뉴에 대한 판매감소 등에 대응하여 신속한 메뉴변화를 할 수 있어야 한다. 또한 고객의 요구를 충족시켜 줄 수 있는 새로운 메뉴를 지속적으로 개발하여야 하는 등의 융통성을 필요로 한다.

아침식사 메뉴는 간단히 작성할 수 있다. 과일이나 주스, 곡물요리(시리얼), 팬케이크, 빵과 토스트 그리고 달걀이나 육류 등 제공할 음식을 간단히 연필로 표시해 넣을 수 있을 것이다. 최근에는 개별 포장된 시리얼과 꿀, 잼, 젤리 등의 편리한 품목이 널리 사용되고 있으므로 이러한 것들은 노동력을 줄이고 낭비를 감소시킬 수 있는 동시에 고객들로 하여금 여러 가지 다양한 품목을 선택할 수 있게 해준다. 그리고 분량이 미리 정해져 있기 때문에 정확한 단위식품의 원가를 산출해 낼 수 있다.

점심이나 저녁식사의 계획은 메뉴작성자의 기술과 지식을 필요로 한다. 우선 각 날짜와 때별로 주요 앙트레(주 요리)를 선정하고, 각 앙트레에 적합한 채소를 첨가한다. 선정된 주요 앙트레에는 에피타이저, 수프, 주스, 후식 등이 첨가될 수 있다. 보통 그날그날의 음료수에 대해서도 마찬가지이다.

다음의 메뉴를 계획할 때에는 계속해서 메뉴에 올라 있는 여러 가지 음식의 판매숫자를 알아보기 위해 최근 몇 주간의 기록을 참조하는 것이 바람직하다. 메뉴작성자들은 메뉴계획 시에 고객의 기호, 수익성, 구입 가능한 식자재, 주방설비 및 기기, 메뉴의 다양성, 영양균형 등의 여러 가지 요소를 고려해야 할 것이다.

(1) 주기적 메뉴

주로 주 요리를 중심으로 특정 기간이나 계절에 주기적으로 제공되는 메뉴로서 대부분의 레스토랑에서 2~6주 혹은 그 이상의 일정한 기간 동안 주기적 또는 기본적 메뉴를 많이 활용한다. 이러한 주기적 메뉴는 기후나 시장 조건에 항상 정확하게 맞추어 적용할 수 없지만 메뉴변화를 통한 레스토랑의 신선한 이미지를 제공하는 목적으로 많이 활용되기도 한다.

(2) 융통성

메뉴는 지침이어야 하며 구속이 되어서는 안 된다. 이것은 항상 어느 정도의 융통성이 있어야 한다는 뜻이다. 기후가 갑자기 변하거나, 과일이나 채소가 시장에 대량으로 공급될 때, 육류의 가격에 변동이 생겼을 때에는 이미 정해져 있는 메뉴에 어떤 품목을 더하거나 뺄 수도 있다. 메뉴에 변화가 생겼을 때 메뉴계획 담당자는 모든 관련 부서, 즉 구매부 · 주방 · 레스토랑 운영진 등에 이 사실을 즉시 알려야 한다.

(3) 간단한 메뉴와 신속한 메뉴

최근에는 간단한 메뉴를 사용하는 경향이 늘어나고 있다. 간단한 메뉴의 극단적인 예로서 햄버거, 프라이드 치킨, 팬케이크, 도넛과 커피 혹은 생선 및 칩 등과 같이 한 가지 음식만 취급하는 음식점이 늘어나고 있다. 이렇게 메뉴를 간단하게 구성함으로써 디자인과 설계의 비용을 절약하고 적은 운영비로 최대의 관리효과를 얻을 수 있다.

오늘날 대부분의 레스토랑들은 다방면으로 완벽한 조리사들을 갖추고 있지 못하다. 또한 준비하고 조리할 주 요리가 많으면 각각에 쏟는 주의력은 적어질 수밖에 없다. 따라서 몇 가지 품목에만 집중한다면 조리의 질을 개성화할 수 있고, 동시에 남는 식품재료로 인한 소비를 최소한으로 줄여 음식의 원가를 낮출 수 있을 것이다.

메뉴에 기재된 모든 음식을 세밀히 살펴보고 생각하는 데 시간을 소비할 고객은 많지 않다. 긴 메뉴는 혼동하기 쉽고 때로는 고객을 당황하게 만들 수도 있다. 따라서 간단한 메뉴는 고객을 즐겁게 해줄 수 있으며, 읽기 쉽고, 판매를 촉진시킬 수 있다. 반면 간단한 메뉴는 고객의 선택 폭이 좁은 단점이 있으나 여러 가지 관점에서 유리하다고 할 수 있다.

(4) 일시적 메뉴

오늘날 우리는 다양한 의미를 부여한 이벤트나 행사를 많이 접하며 살고 있다. 이러한 행사에 착안하여 특별한 기념일이나 행사, 이벤트, 축제 등에서 판매하는 메뉴가 일시적 메뉴이다. 종류는 용도나 행사목적에 따라 특별 재료를 구입하거나 재고품의 원활한 순환을 목적으로 제공하는 1일 특별 메뉴, 특정한 축제에 제공되는 메뉴, 특정 기념일에 제공되는 메뉴 등이 있다.

(5) 그룹 메뉴계획

매일 혹은 매주 일상적인 메뉴계획을 세우고 또 그에 대한 책임을 진다는 것은 개인으로서는 매우 부담스러운 짐이 된다. 하지만 메뉴작성자를 도와줄 사람을 배정함으로써 그 짐을 덜어주고, 새로운 아이디어의 출처를 크게 넓힐 수 있다. 보통 두 사람 혹은 그 이상이 1개월 정도씩 교대로 메뉴계획을 돕는다.

그룹은 통제하기 쉽도록 하기 위해서 3~5인으로 구성해야 한다. 주방, 구매부 혹은 서비스종사원의 대표를 선발하여 그룹을 구성하기도 하며, 그렇게 함으로써 그들로 하여금 메뉴작성의 문제점을 깨닫게 하고 때로는 귀중한 의견을 제시하도록 할 것이다. 특히 고객들을 가까이서 대하는 종업원도 때로는 훌륭한 아이디어를 제공할 수 있다. 그러므로 구성원을 산출하는 데 있어서는 신중을 기해야 하며, 이 그룹을 적절히 운영하여 구성원 모두 능력을 인정받고, 전체적인 사기를 높일 수 있도록 해야 한다.

(6) 어린이용 메뉴(특정 계층 메뉴)

노인인구의 증가와 핵가족의 증가에 따른 부모들의 어린 자녀의 의견수용 확대 등 사회인식과 구조의 변화에 따른 특정 메뉴의 적용이 필요하다. 예를 들어, 가족동반 고객을 중요시하는 레스토랑에서는 보통 어린이들의 음식에 중점을 두어 어린이 선호 메뉴를 구성해야 한다.

12세 이하의 어린이들에게는 보통 양이 적은 음식을 제공하며, 가격도 저렴하게 한다. 어린이용 메뉴는 간단하고 색깔이 다양한 적은 양의 음식을 접시에 다채롭게 담아서 제공하는 특색이 있어야 한다. 특히 어린이들이 쉽게 먹을 수 있도록 작은 조각으로 만들거나 조리방법을 고려해야 하며, 어린이들의 호기심을 유도할 수 있는 메뉴에 대한 디자인도 요구된다. 또한 어린이용 메뉴는 부모들의 흥미를 끌 수도 있어야 하는데, 그 이유는 보통 부모들이 아이들의 음식 선택을 도와주고, 어린이들에게 필요한 영양에 관심을 갖고 있기 때문이다.

(7) 고정 메뉴의 활용

새로운 메뉴를 투입하여 메뉴를 변화시키는 사고가 꼭 긍정적이지는 않다. 고정 메뉴는 전문 레스토랑에서 주 메뉴로 사용하는 경우가 많은데, 보통 기간이나 계절에 상관없이 메뉴판에 고정되어 있는 메뉴를 의미한다. 이는 특화된 전문식당에서 수익에 관계없이 특정 고객이 선호하는 요리를 항상 제공할 수 있도록 그 레스토랑의 이미지로 지속적으로 제공하거나 혹은 일반적으로 널리 애용하는 음식들이 고정되어 존재한다.

5. 메뉴의 작성원칙 및 유의사항

메뉴를 작성한다는 것은 하나의 예술이나 마찬가지로 색깔이나 영양, 코스, 가격 등에 있어서도 세심한 주의가 필요하다. 메뉴는 주방장과 고객과의 대화의 역할을 하고, 디자인이 잘 된 메뉴에는 시장성 · 예술성이 반영되며, 주방장과 레스토랑 운영자의 이미지를 반영하기도 한다. 메뉴에는 만드는 방법과 주 재료 그리고 서비스방법과 음식의 질, 재료의 양이 설명되어 있다.

일반적으로 메뉴는 식음료 정책에 따라 주방장이 작성하게 되지만 연회나 파티의 경우처럼 미리 주문에 따라 메뉴를 작성할 때에는 연회지배인이 주방장과 상의하여 결정하게 된다. 따라서 일반적으로 메뉴를 작성할 때에는 다음과 같은 사항에 유의하여야 한다.

- 같은 종류의 재료로 두 가지 이상의 음식을 만들지 않는다 : 일반적으로 정식 메뉴를 작성할 때 전채요리에 새우를 이용한 경우 주 요리에는 다시 새우요리를 제공해서는 안되며, 두 가지 중에 한 코스는 다른 재료를 이용하여 만들어진 요리를 제공하여야 한다.
- 같은 조리방법을 사용해서는 안 된다 : 연속되는 두 가지 코스에 같은 조리방법을 이용한 음식을 제공해서는 안 된다.
- 비슷한 색의 요리를 반복하지 않는다 : 같은 색의 요리를 반복하게 되면 다음에 나오는 요리에 대한 맛의 기대치가 감소되며 그에 따른 요리의 품격 또한 떨어지므로 가능한 같은 색의 요리는 한 접시에 담거나 연속해서 제공하는 경우를 피하는 것이 좋다.
- 비슷한 소스를 두 가지 이상 사용해서는 안 된다 : 색깔이나 조리방법이 비슷한 소스를 사용하게 되면 고객들이 그 차이를 느낄 수 없으므로 각각의 요리가 가지는 특성을 잘 살릴 수 있는 소스를 이용해야 한다.

- **요리순서의 균형을 맞춘다** : 정식 메뉴일 경우 적절한 전채와 수프, 주 요리와 후식에 이르기까지 세심한 주의를 기울여야 한다. 일반적으로 가벼운 경식(light dish)에서 중식(heavy dish) 순으로 메뉴가 작성되는 것이 좋다.
- **저녁 메뉴는 가능한 견고한 음식을 피한다** : 육류가 중심인 레스토랑은 저녁 메뉴가 소화에 부담을 줄 수 있기 때문에 가급적 다른 코스의 요리는 소화하기 편한 것으로 제공하며 육류 제공 시에는 충분한 채소와 섬유질이 포함된 요리를 곁들여 제공하도록 한다.
- **요리의 장식에 주의한다** : 요리를 접시에 담을 때 곁들여지는 재료와의 배합과 배색에 유의하여 같은 음식이라도 보다 높은 부가가치를 창출할 수 있도록 요리의 장식과 조화를 고려하여야 한다.
- **철저한 식품위생을 고려한다** : 원재료의 저장에서부터 출고되어 음식이 생산되어 고객에게 서비스될 때까지의 전 과정에서 위생관리를 철저히 해야 한다. 그리고 원재료의 부패속도, 보관상태의 용이함 등을 고려하여 메뉴를 작성하는 것이 중요하다.
- **메뉴 선호 추세를 파악한다** : 고객들이 최근에 관심을 갖는 메뉴에 대한 분석이 필요하다. 예를 들어, 건강에 대한 관심증가로 건강식 선호에 부응하여 튀긴 조리법보다는 삶거나 굽는 조리법을 사용한다. 또 육류보다는 생선으로 대체하거나 풍부한 채소와 과일을 포함하는 메뉴를 늘리며 인공색소나 조미료보다는 천연색소, 천연조미료를 이용할 수 있도록 변화를 주도록 한다.
- **계절감각에 따른 메뉴를 작성한다** : 더운 여름에는 찬 요리를, 추운 겨울에는 더운 요리를 중심으로 메뉴를 작성하도록 하며 제철식품을 이용한 메뉴를 준비하는 것도 필요하다.
- **메뉴의 표기** : 요리의 내용에 따른 각국의 고유문자를 사용하지만, 양식의 경우 불어 표기를 원칙으로 하며, 나라명과 지방명 및 사람의 이름 등의 고유명사는 대문자로 표기한다.

Chapter 03

메뉴 상품 개발

현재와 같은 격심한 경쟁 속에서 외식기업이 유지되거나 성장하기 위해서는 새로운 메뉴 상품의 개발이 절대적으로 필요하다. 외식기업은 시장점유율의 확보나 확대를 위하여 끊임없이 상품개발을 하여야 하며 이로써 외식기업활동의 핵심이 되는 고객창조를 도모해야 한다. 따라서 이장에서는 메뉴 상품 개발의 개념 및 유형, 개발 절차와 사례를 살펴보고 이에 대한 지식과 기술을 외식현장에 적용하고 활용할 수 있도록 한다.

Chapter

03 메뉴 상품 개발

학습목표

1. 메뉴 상품 개발의 개념을 설명할 수 있다.
2. 메뉴 상품 개발을 위한 전제조건 및 고려사항을 설명할 수 있다.
3. 메뉴 상품 개발의 특징을 설명할 수 있다.
4. 메뉴 상품 개발 유형을 설명할 수 있다.
5. 최근 메뉴 상품 개발의 방향을 설명할 수 있다.

1. 메뉴 상품 개발의 개념

메뉴 상품 개발은 고객에게 제공될 여러 가지 음식에 대한 메뉴를 결정하는 것을 말하며 고객의 욕구파악, 원가와 수익성과의 관계, 구입 가능한 식자재, 조리시설의 수용력, 다양성과 기호도, 영양적 요인을 포함하여야 한다.

오늘과 같은 격심한 경쟁 가운데 외식기업이 유지되거나 성장하기 위해서는 메뉴 상품 개발이 절대적으로 필요하다. 다시 말해 외식기업은 시장 점유율의 확보나 확대를 위해 끊임없이 상품을 개발하여야 하며, 이로써 기업활동의 핵심이 되는 고객 창조를 도모해야 한다.

신메뉴 상품 개발이 필요한 이유

- 기업의 지속적인 성장에 동력이 되기 때문에
- 고객의 새로운 요구에 대응하기 위해
- 경쟁 과열 및 대응이 불가피하기 때문에
- 매출 극대화와 이익 창출을 위해

2. 메뉴 상품 개발의 중요성

메뉴 상품 개발의 중요성은 다음과 같다.

첫째, 성공적인 신메뉴 상품들은 기업을 성장시키는 데 매우 중요한 역할을 한다.

둘째, 신메뉴 상품은 현대 마케팅전략의 기초가 되는 상품 차별화의 수단으로 사용된다.

셋째, 신메뉴 상품은 상품의 수명을 인위적으로 조절할 수 있다.

넷째, 신메뉴 상품은 그 자체로서 상징적인 중요성을 보유하고 있다.

다섯째, 신메뉴 상품은 단순한 스타일의 변화 이외에 실질적인 상품의 기능이나 품질 개선으로 이루어진다.

여섯째, 메뉴 상품의 개발은 대부분 진보된 기술 및 아이디어의 소산이며, 신메뉴 상품 개발 경쟁은 이러한 기술진보 및 창의적 사고를 촉진하게 된다.

일곱째, 신메뉴 상품 개발은 효과적인 가격관리방법의 하나가 된다.

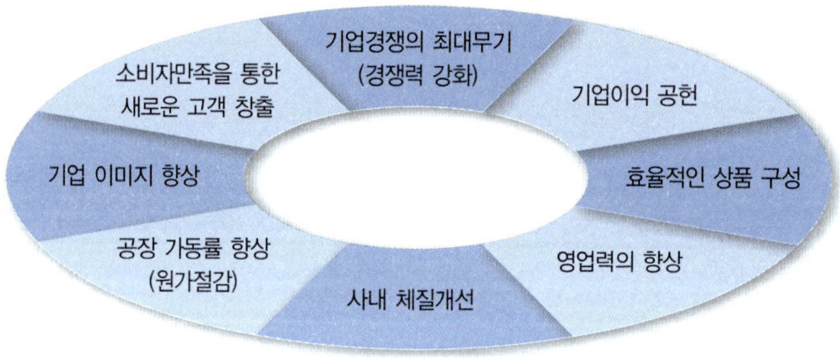

그림 3-1 성공적인 메뉴 상품 개발의 영향

표 3-1 신상품 개발 후보 아이템 선정조건

평가 영역	평가 항목	평가 영역	평가 항목
상품성	• 상품의 적합성 • 상품의 독점성	수익성	• 생산비용의 효율성 • 적정 이윤 보장성
시장성	• 시장의 규모 • 시장의 장래성	안전성	• 위험요소 • 자금투입 적정성

3. 외식산업의 메뉴 상품 개발의 특징

외식산업도 다른 분야와 마찬가지로 R&D와 마케팅을 구심점으로 하여 시장 입지를 굳히고, 그 전개 방향에 따라 시장 향배를 예측하고 있는데, 이때 가장 전략적 비중을 두어야 하는 부분이 바로 메뉴 개발이다. 단지 외식기업 차원에서뿐만 아니라 고객의 입장에서도 메뉴는 레스토랑 선택에 있어 절대적인 위치에 있다. 따라서 메뉴의 다양성 확보와 맛의 다각화를 통해 고객 만족과 이윤창출을 이끌어 내야 한다.

최근 동향을 살펴보면 대형 업체를 중심으로 메뉴 상품 전담 R&D팀을 통해 고객의 요구 및 성향을 조사·분석하고, 새로운 메뉴가 도입될 시점 결정 및 제품 라이프 사이클(PLC)관리에 초점을 맞추고 있다. 상품으로서의 메뉴 개발과 관련하여 일반 제조업과 비교하였을 때 외식산업 메뉴 상품의 특징은 크게 다음과 같다.

첫째, 다양한 시장조사를 이용하여 고객의 욕구를 신속하게 파악하고 이를 아이템 개발로 연결할 수 있다. 이때 고객과 가장 긴밀한 관계를 형성하는 경로가 바로 날마다 발생되는 고객 불만이며, 업장 관리자를 통해 접수된 내용은 네트워크를 통해 곧바로 집계되어 새로운 메뉴계획 및 방향 설정에 기초 데이터가 된다.

둘째, 가격·품질·원가·작업효율성 등의 다양한 요소들을 토대로 사업성을 검토하여 제조방법을 선택한다. 특히 업태의 특징을 고려하여 작업효율성을 높일 수 있는 메뉴 상품을 계획하는 것이 핵심 능력이라고 할 수 있다.

표 3-2 외식산업 vs 일반 제조업 메뉴 상품의 특징

항 목	외식산업	일반 제조업
시장조사	R&D팀, 마케팅팀	R&D팀, 마케팅팀, 상시 채널 활용
메뉴 상품화 검토	업태에 따른 적합성 작업 효율성	노동강도, 시간 측정
만드는 방법 선택	업장제조, 아웃소싱	업무 세분화
품질 테스트	파일럿 테스트, 샘플 테스트	QCQA
테스트 마케팅	업태별 주요 고객 타입선정 및 안테나숍 테스트	피드백 활용

셋째, 일반 제조업체에서는 제조 능력에 따라 직접 제조하는 방법이나 OEM(Original Equipment Manufacturing)을 선택하지만 외식산업에서는 업장 제조와 아웃소싱의 방법을 택할 수 있다. 이때 주방환경, 조리장비, 인력현황, 업무의 성숙도, 업무의 전문성 및 식재료의 공급 유무를 고려한다. 그리고 업장에서 만들지 혹은 아웃소싱의 방법을 택할지를 결정한 후에 만드는 방법을 선택한다.

넷째, 품질테스트는 파일럿 테스트(pilot test)와 샘플 테스트(sample test)의 두 단계를 통해 메뉴의 완성도를 높인다.

다섯째, 테스트 마케팅에서 개발된 메뉴 상품은 포커스 그룹의 평가를 통하여 메뉴의 품질과 양, 메뉴의 다양성, 음식의 외관, 가격 등을 고려한 종합적인 상품성을 평가하고 보완하여야 한다.

4. 메뉴 개발 유형

메뉴 상품 개발의 유형은 크게 기본적 메뉴 상품 개발과 부차적 메뉴 상품 개발로 나눈다. 먼저 기본적 메뉴 상품 개발에는 신메뉴 상품 개발, 기존 메뉴 상품의 개량, 기존 메뉴 상품의 신용도 개척이 해당된다. 그리고 부차적 메뉴 상품 개발에는 메뉴 상품의 다각화, 메뉴 상품의 단순화, 메뉴 상품의 폐기가 해당된다.

1) 신메뉴 상품 개발

메뉴는 고객의 요구 및 기호도를 반영하고 생산성 향상 및 수익성 증대를 제고하기 위해 지속적으로 수정·보완해야 하며, 시대의 흐름에 맞게 새롭게 개발할 필요가 있다. 새로운 음식 및 식자재가 개발되고 사회가 변함에 따라 고객의 음식에 대한 기호도가 함께 변화하기 때문에 새로운 메뉴의 개발은 필수적이다.

2) 기존 메뉴 상품의 개량

기존 메뉴 상품의 개량이란 이미 시판 중에 있는 메뉴 상품을 개량하는 것으로, 새로 개발된 신메뉴 상품의 경우도 있고, 오래된 기존 메뉴 상품의 경우도 있다. 상품개량은 기본적 개량과 부차적 개량으로 나눌 수 있다.

- **기본적 개량** : 상품의 품질이나 기능과 같은 기존 상품 그 자체에 관한 개량으로 상품의 수명주기상 성숙기에 놓인 성숙 상품이나 쇠퇴기에 들어서는 쇠퇴 상품의 경우 1차적 대상이 된다.
- **부차적 개량** : 포장이나 상품과 같은 기존 상품의 여러 가지 속성에 관한 개량을 말한다.

기존 메뉴 상품의 개량은 신메뉴 상품 개발만큼이나 비중이 큰 메뉴 상품화 계획의 하나로서 다음의 경우에 이루어진다.

- 외식시장이나 소비자욕구의 변화에 대응하기 위한 경우
- 신메뉴로 개발된 기술을 이용하기 위한 경우
- 매출액이 점차 낮아지는 메뉴 상품의 매출을 높이기 위한 경우
- 외식시장 내에서 외식기업 간의 경쟁상 필요에 의한 경우

기존 메뉴 상품의 개량은 여러 부분에서 이루어지고 있으나 주로 품질개량, 기능개량, 스타일개량의 세 가지 면에서 다루어 보았다.

(1) 품질개량

품질개량(quqlity improvement)은 보다 나은 원재료나 생산기술을 개량하여 상품의 신뢰성 내지 내구성을 증대시키는 것이 목적이다. 결과적으로 메뉴 상품의 다각화 · 다양화라고 할 수 있다.

그림 3-2 품질개량의 예(〈롯데리아〉의 한우불고기버거와 파프리카베이컨 비프)

표 3-3 패스트푸드업체별 웰빙 메뉴의 현황

업체명	메뉴 종류	도입 시기(년)	메뉴의 특성
〈롯데리아〉	호밀빵 버거	2003	밀가루 대신 호밀로 만든 빵을 출시하여 섬유소 섭취가 부족하기 쉬운 패스트푸드의 단점 보완
	웰빙프레시 라인(샐러드, 석류주스)	2003	신선하고 필수영양소가 충분히 함유되어 있는 원재료로 만들어져 고객들에게 신뢰감을 제공하고자 함
	요구르트류	2004	순수한 요구르트에 현미 플레이크 및 딸기잼을 곁들여 먹을 수 있는 요구르트
〈맥도날드〉	프레시플러스 메뉴군(샐러드, 폴더, 요거트 등 총 다섯 종으로 구성)	2004	신선 식재와 저칼로리를 강조한 '프레시플러스' 메뉴
	요거트류	2004	스트로베리와 블루베리, 시리얼을 얹은 베리나이스 요거트
	프리미엄 메뉴	2004	기존 햄버거보다 채소를 늘리고 육류의 기름기를 뺀 메뉴
〈버거킹〉	햄치즈 샐러드	2004	각종 채소에 햄과 치즈를 곁들인 메뉴
	요구르트류	2004	요거트 아이스크림을 플레인과 라즈베리 두 종류로 새롭게 출시
	파이어 그릴드 치킨 샐러드	2005	불필요한 지방을 제거해 닭가슴살만의 특유의 맛과 향을 살린 메뉴
〈파파이스〉	치킨플래터	2004	치킨에 밀(meal) 개념을 도입. '밥되는 치킨 정식'이라는 슬로건으로 출시. 식판에 밥과 치킨, 샐러드 등을 제공하는 메뉴로 포크와 나이프를 사용. 레스토랑에서 식사를 하는 기분을 제공하고 패스트푸드에서도 균형 있는 식사가 가능하다는 것을 제시함
	러브미 텐더	2004	유지방을 뺀 우유와 허브로 맛을 더한 가슴살
	샐러드류	2004	단호박샐러드, 고구마샐러드, 프리미엄샐러드, 프리미엄쉬림프샐러드 개발

자료 : 월간식당(2005년 2월)과 연합뉴스(2004년 10월)에 의거 재구성

(2) 기능개량

기능개량은(functional feature improvement) 품질개량과는 달리 기존 상품의 여러 면을 개량하여 보다 나은 편의성 · 안전성 · 능률성 · 융통성 등을 도모하고자 하는 상품계획의 일종이다. 그러나 순수한 기능이라는 것은 거의 드물고, 항상 품질개량과 함께 이루어지게 마련이다.

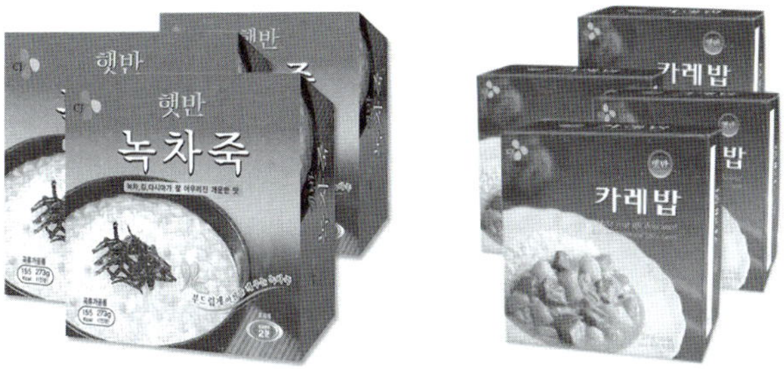

그림 3-3 기능개량 식품(메뉴)의 예

(3) 스타일개량

일명 디자인개량(design improvement)이라고도 일컬어지며, 주로 상품의 겉모양에 관한 개량의 경우가 해당된다. 주요 초점은 상품의 미적 요소를 강화하는 데 있으며, 특히 유행(fashion)이나 모드(model change)와 직결될 때가 많다. 또한 스타일개량도 구체적으로 품질개량이나 기능개량과 별로 다를 것 없는 내용의 기존 메뉴 상품의 개량이라고 할 수 있다.

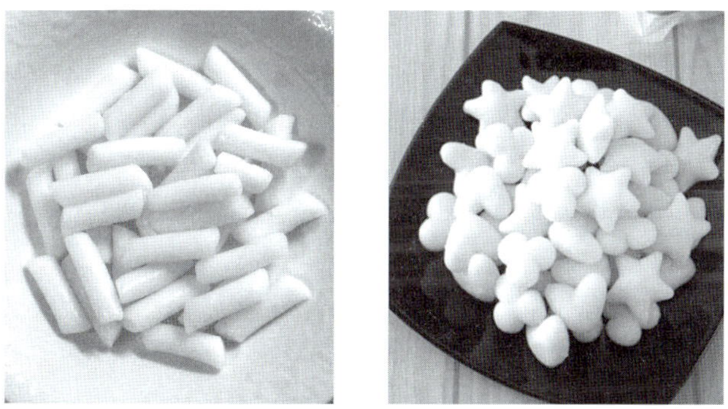

그림 3-4 스타일개량의 예 : 떡볶이의 변신

3) 기존 메뉴 상품의 신용도 개척

기존 메뉴 상품의 신용도 개척(improvement of new use of existing tourism products)이란 기존 메뉴 상품의 내용은 변경 없이 메뉴 상품의 새로운 용도를 발견하고 이에 대한 새로운 외식시장을 확보하는 것을 의미한다. 그러므로 기존 메뉴 상품의 개량과 더불어 메뉴 상품 수명주기가 유효한 정책의 하나가 된다. 그러므로 메뉴 상품의 신용도 개척은 신메뉴 상품의 개발보다 쉬우며, 그 가능성은 무한대에 가깝다. 또한 신용도 개척은 메뉴 상품의 신용도 발견을 통하여 이루어지기 때문에 신용도를 발견하기 위하여 사전적 외식시장의 조사가 핵심을 이루게 된다. 그 이유는 외식기업 자신이 어느 특정 메뉴 상품에 관한 신용도를 알게 될 경우보다는 오히려 해당 메뉴 상품을 직접 구매 · 소비하는 외식소비자에 의하여 발견되는 경우가 대부분이기 때문이다.

5. 메뉴 상품 개발전략

1) 선재전략

기업의 선재전략은 기술적으로 우월한 상품을 개발하기 위한 연구 · 개발(R&D)의 노력에 기초한다. 특히 고객의 욕구를 파악하고, 이러한 욕구를 만족시키는 편익을 제공하는 메뉴를 개발할 수 있다.

- 고객으로부터 들어오는 정보를 이해하고, 시장조사에 따른 경영자와의 대화와 고객과의 대화가 가능하도록 순환배치를 하는 것이 중요하다.
- 창업가는 아이디어를 가지고 있으며, 모험에 대한 열정과 자원을 모으는 능력으로 아이디어를 가능하게 한다.
- 영업 콘셉트의 균형을 맞추고 있는가를 체크하여야 하고, 영업 형태와 업소의 상품을 명확히 하여 적합성을 고려한다.
- 성장과 재무적 성공을 위해서 인수 또한 효과적인 전략이다. 기업들은 시장에서 성공으로 이끌어 주는 신상품 기술의 포트폴리오를 달성하기 위해서 새로운 기업 형태를 이용하고 있다. 제휴는 기술, 마케팅, 생산, 재무, 지역적 경험과 같은 노하우를 불러 모으는 역할을 하여 제휴에 참여한 기업이 시장에서 경쟁력을 가지고 목표를 달성하도록 돕는다.

표 3-4 메뉴 상품 개발전략

구 분	반응전략	선재전략
정 의	메뉴개발의 유발 요인이 자연스럽게 발생하는 전략	바람직하지 못한 미래의 사건을 극복하기 위해 자원을 할당하여 목표를 달성하는 전략
종 류	• 방어전략 • 모방전략 • 보다 나은 두 번째 전략 • 대응전략	• 연구 개발(R&D)전략 • 마케팅전략 • 창업가적 전략 • 매수 및 제휴전략

2) 반응전략

반응전략은 다음과 같이 구분할 수 있다.

- 방어전략 : 경쟁적인 새로운 메뉴에 대응하여 기존 메뉴의 수익성을 보호해 준다.
- 모방전략 : 새로운 메뉴가 성공을 거두기 전에 신메뉴를 재빨리 복사하는 것에 기초한다.
- 보다 나은 두 번째 전략 : 기업들은 단지 경쟁사의 메뉴를 복사할 뿐만 아니라 메뉴와 포지셔닝을 개선할 수 있는 방법도 파악한다.
- 대응전략 : 고객의 욕구에 의도적으로 반응하는 것을 말한다.

6. 최근 메뉴 개발 방향

외식업계의 주요 상품은 메뉴와 서비스로 양분될 수 있으며, 특히 메뉴의 개발에 있어서 고객의 식행동을 이해하여 표적시장을 정하기 위해서는 무엇보다 고객들의 가치관이나 생활방식의 변화를 분석하는 것이 매우 중요하다.

지난 2002년 대홍기획에서 발표한 《가치관 트렌드에 따른 소비 패턴》과 미국 소비자 생활방식의 변화 방향을 예측한 《팝콘(popcorn)의 열 가지 트렌드》는 메뉴 상품 개발의 방향에 큰 영향을 미쳤으며, 그로 인한 메뉴 상품 개발 사례를 살펴보면 다음과 같다.

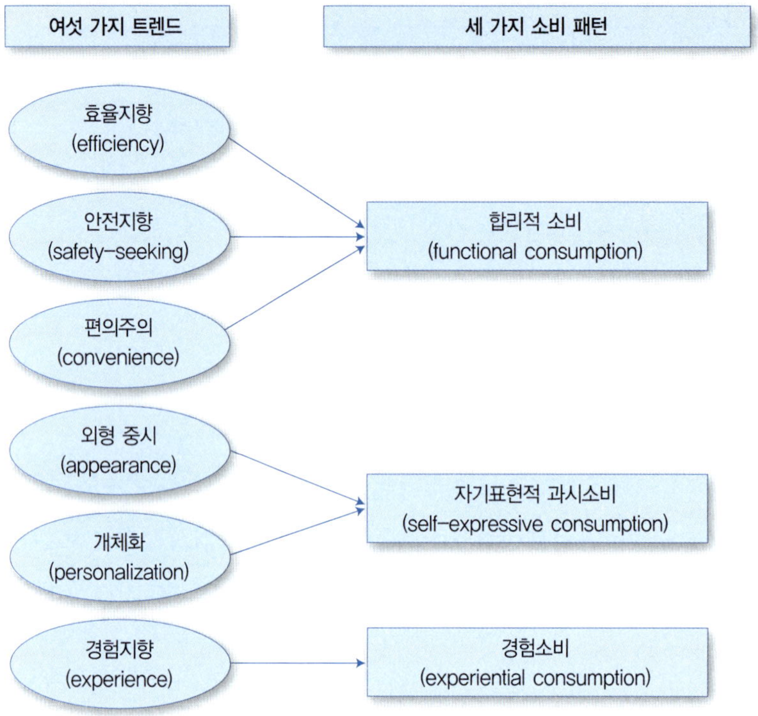

그림 3-5 가치관 트렌드에 따른 소비 패턴

자료 : 대홍기획(2002), Magazine Daehong, pp. 4~9.

표 3-5 소비자행동의 변화와 레스토랑 마케팅전략 《미국의 소비자행동 변화 트렌드에 관한 보고서》

변화 트렌드	내 용
코쿠닝(cocooning) 현상	• 집에만 머물고자 하는 칩거증후군 • 위협적이고 예측 불가능한 외부 세계로부터 자기 자신과 가족을 보호하고자 하는 욕구 • 예 : 비디오 대여점 및 택배서비스 업소의 증가, 재택근무자 수의 증가, DIY와 테이크아웃 푸드의 증가, 소호현상
에고노믹스(egonomics) 현상	• 나 중심이라고 하는 소비자 개인화 욕구에 초점을 맞추는 트렌드 • 고객정보 DB마케팅 • 소비자들의 개인화된 욕구에 맞춘 제품과 서비스 제공 • 세분화된 시장에 적절한 유선방송과 스포츠이벤트 같은 광고매체와 비광고매체를 이용, 인하우스 프로모션과 같은 마케팅 강화 • 예 : 개인주의, 핵가족화, 맞벌이 부부(DINK)의 증가, 만혼 · 독신자의 증가, 이혼율의 증가

변화 트렌드	내 용
환상모험 (fantasy adventure) 현상	• 험이 크게 따르는 모험보다는 하늘을 나는 것 같은 환상에 더 치중한다는 환상모험 트렌드 • 감각적인 가치를 부여함 • 예 : 인공적인 모험, 환생여행, 이국 취향의 맛과 다양성, 분위기, 복합적인 기능을 할 수 있는 공간, 역전의 발상
99가지 삶 (ninety-nine lives)의 현상	• 진행속도는 매우 빠른 데 비해 시간은 부족하여, 사회적으로 정신분열증이 생기는데도 불구하고, 우리는 다중적인 역할을 수행하고 쉽게 순응하도록 강요당하는 트렌드 • 예 : 24시간 편의점 수의 증가, 대행서비스의 증가, 우편주문의 증가, 택배서비스의 증가, 음식에 대한 그레이징화(grazing)
건강장수 (staying alive) 현상	• 풍요롭고, 균형이 잡혀 있으며, 건강한 삶을 일컫는 삶의 질 • 식재료의 선택에 세심한 주의를 기울이고, 식품이 포함하고 있는 내용을 고객하게 먼저 알리는 광고에 치중 • 예 : 각종 보험가입자 수의 증가, 건강지향 식품의 증가, 자연식품의 증가, 예방의학
작은 탐닉 (small indulgences) 현상	• 직불이 가능한 한도 내에서 일시적으로나마 탐닉하게 되는 작은 사치 • 인적 판매 또는 광고 이외의 방법을 통하여 구매행동이 충돌할 수 있도록 디자인된 주로 인하우스 머천다이징(merchandising) • 예 : 나도 할 수 있고 즐길 수 있고 먹을 수 있다는 확신(이제 좀 쓰고 살자, 품위 있게 살자)
생활축소 (cashing out) 현상	• 삶의 겉보다는 내용이 더 중요하다는 점을 인식하는 트렌드 • 레스토랑 상품의 콘셉트를 향수(추억)와 음악을 동시에 제공하는 데 초점을 맞춤 • 예 : 혼을 치료하는 음악 CD의 호조, 전원생활의 갈구
다운에이징 (down-aging) 현상	• 회춘현상 • 언제나 당연한 사실로 받아들여질 것 같았던 일들이 갑자기 사라지는 통념파괴 현상 • 실버세대를 겨냥하는 노스텔지아 상품 집중 개발 • 예 : 늦둥이를 갖는 DOB(Daddy Older, Baby younger), MOB(Mommy Older, Baby younger)족의 확산, 성형수술의 증가
소비자 자경단 (vigilante consumer) 현상	• 감시자로 변모하는 소비자 • 레스토랑 관리자들이 할 수 있는 최선의 방법 • 마케팅 제1법칙인 '소비자를 경청하라'와 '소비자에게 진실하라', '실천하라' • 예 : 부도덕한 마케팅에 저항하는 소비자, 불매운동의 확산, 소비자보호단체의 증가, 소비자주의, 기업의 사회적인 책임 강조
우리가 살고 있는 사회를 구하자(save our society) 현상	• 지구온난화 현상으로 야기되는 재앙, 녹색생활주의, 그린(green) 마케팅

그림 3-6 편의 지향 메뉴의 예

1) 편의 지향

현대사회의 사람들은 소득수준의 향상과 사회 · 문화 전반에 걸친 가치관의 변화로 인한 생활방식의 변화로 주방에서 조리에 투입하는 시간을 단축시키고자 하며 소가족화 및 개인화, 젊은 세대의 조리 기술 부족 등으로 식품을 구매함에 있어 편의성을 중요시한다.

이와 같은 점을 고려하여 편의 지향적인 음식을 강조한 메뉴를 개발하기 위해서는 편의성뿐만 아니라 맛, 위생까지도 고려해야 한다.

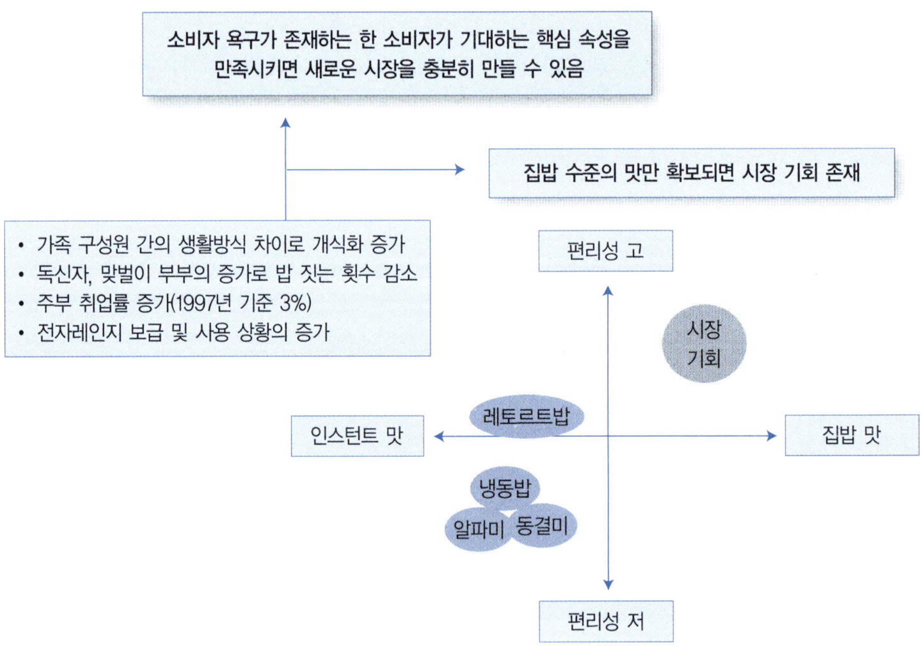

그림 3-7 편의 지향 사례(CJ 햇반)

2) 건강 지향

전통적인 식생활 문화가 차츰 붕괴되면서 각종 성인병에 걸리는 사람들이 증가하게 되었고, 이에 따라 일상적으로 섭취하는 음식에 대해 많은 관심을 나타내기 시작하였다. 이와 같은 점을 고려한 건강 지향적인 메뉴 개발을 위해서는 식재료의 원산지에서부터 조리방법에 이르는 모든 과정에 건강이라는 메시지를 담아야 하고 이를 고객들에게 전달할 수 있어야 한다.

소득수준의 향상으로 전통적인 식생활 문화가 차츰 붕괴되면서 각종 성인병에 시달리는 사람들이 많아지고 있다. 그 결과 사람들은 일상적으로 섭취하는 음식에 대해 많은 관심을 나타내기 시작하고 있으며, 새로운 접근방법으로 개발된 메뉴를 요구하고 있다. 즉, 식량부족에서 연유한 배고픔을 해결하기 위한 수단으로 받아들였던 칼로리로 재단되었던 모든 음식에 대한 가치, 오랜 체험을 통해 이룩한 우리 음식 문화 가치의 사장(死藏), 그리고 식생활 개선이라는 명목하에 무비판적으로 받아들였던 서구의 식생활 등에 대한 강한 비판이 일기 시작하면서 일상적인 음식에 대한 인식도 달라지기 시작하였다.

이와 같은 추세에 편승하여 우리가 일상적으로 접하는 메뉴 개발에 대한 새로운 인식은 전통 음식의 보존, 원초적인 미각의 회복, 신토불이, 느림의 미학, 자연친화적인 식생활, 유기농업강조 등과 같은 가치를 내 건 슬로푸드(slow food)운동이 활발히 전개되면서 오랜 체험을 통해 이룩한 우리 음식에 대한 가치를 높여 주고 있는 추세이다.

또한 느림의 철학, 친환경농업운동, 유전자조작식품반대운동, 슬로푸드운동, 〈맥도날

표 3-6 건강을 고려한 웰빙음료전략

구 분	내 용		
이미지			
전 략	버거킹 과일에이드 • 100% 과일 퓨레로 만듦	던킨도너츠 자몽 쿨라타 • 다이어트에 효과가 있는 레드자몽으로 만듦	스무디킹 엔젤 스무디 • 천연과일로 만든 기능성 웰빙음료

드)반대운동, 잘 먹고 잘 사는 법, 건강에 대한 관심, 오리엔탈리즘, 채식주의 등은 우리들의 식생활에 대한 변화를 예고하고 있다. 그 결과 많은 식자들이 효율성과 스피드, 그리고 단순화로 대표되는 다양한 유형의 패스트푸드는 사양길로 접어들고, 전통 한식이 부활할 것이라고 말하고 있다.

이와 같은 점을 고려하여 건강지향적인 음식을 강조하는 메뉴 개발이 되기 위해서는 첫째, 건강과 기호를 동시에 충족시킬 수 있는 메뉴가 개발되어야 한다. 둘째, 사용하는 식재료의 원산지에서부터 조리방법에 이르는 모든 과정이 건강이라는 메시지를 담을 수 있어야 한다.

3) 다양성 지향

그림 3-8 다양성 지향 메뉴의 예

현대인들은 지불 능력만 있으면 시간과 공간에 구애받지 않고 우리가 원하는 거의 모든 음식을 제공받을 수 있다. 전통에서 현대로, 토종에서 다국적인 음식으로, 다국적 음식에서 무국적 음식으로 메뉴의 조합과 조립은 오늘도 계속된다. 이와 같은 다양화는 업종과 업종 간, 업태와 업태 간, 업종과 업태 간의 경계를 모호하게 만들고 있으며, 상권을 보다 세분화시키고 있다. 특히 경쟁의 우위를 지키기 위한 차별화의 방법으로도 진행된다.

이와 같은 관점에서 메뉴의 다양성은 동질적인 것들과 이질적인 것들의 조합과 조립, 상품과 사람 그리고 공간의 조합과 조립을 통해 빠르게 변하는 소비자 트렌드에 맞춰 다양한 메뉴 상품을 개발하여 고객의 욕구를 충족시킬 수 있어야 한다.

그림 3-9 가치 지향의 예 : 〈피에르가니에르 서울〉 – 프랑스의 마슐랭 3스타 레스토랑을 프렌차이즈 형식으로 만든 레스토랑으로 세계적 수준의 높은 요리수준을 자랑한다.

4) 가치 지향

고객가치는 어떠한 편익과 그 편익을 얻기 위한 필요 희생과의 비를 말하는 것으로 희생(가격, 시간, 거리)과 품질의 교환관계(trade off)로 정의되어 왔다. 따라서 지각된 가치란 본인이 지불한 가격과 구입한 상품의 품질을 비교하여 느끼는 정도로서, 지각된 가치의 평가는 인지된 가격의 비교에 의해서 서비스 혹은 제품을 평가하는 주관적 판단이라고 할 수 있다. 이에 따라 메뉴의 구성, 음식의 맛, 가격, 분위기, 서비스수준 등의 변화를 통해 가치를 느낄 수 있는 메뉴 개발이 이루어져야 한다.

7. 메뉴 상품 개발 단계

1) 정보화 시스템 및 메뉴분석 도구를 통한 메뉴분석 평가

어떤 식당이든 영업을 하기 위해서는 한 가지 이상 혹은 수십 가지의 메뉴를 지닌다. 일정 기간이 지나서 돌아보면 모든 메뉴 아이템이 식당의 수익이나 고객들의 만족 측면에 똑같이 기여하지는 않으므로 지난 영업기간의 실적을 분석하여 각 메뉴별 공헌 정도를 평가하고 결과에 따라 어떤 메뉴는 그대로 유지하거나 또 다른 메뉴는 가격, 원가, 제공량 등을 조정하거나 아예 탈락시키게 된다. 메뉴 개발 1단계에서는 POS(Point Of Sale), ERP(Enterprise Resource Planning), CRM(Customer Relationship Management)시스템을 통해 계량적 데이터의 수집 · 집계 · 분석이 이루어진다. 각 메뉴의 카테고리별 판매량, 판매순위, 식재료 원가, 판매가격, 공헌 정도 등을 분석하여 메뉴의 삭제 · 유지 · 리뉴얼 여부를 최종 결정한다.

2) 사회적 이슈분석

이 단계에서는 마케팅팀과 홍보팀을 중심으로 진행하게 된다. 사회적 이슈분석은 외식업계에서 매우 중요한 사항이지만 가장 쉽게 간과하는 부분 중 하나이다. 조류인플루엔자(AI), 광우병, 미국산 쇠고기, 웰빙, 트랜스지방 프리, MSG 프리, 저칼로리, 와인, 이탈리아 수입 버팔로 치즈 발암물질 등의 키워드들은 최근 한국 사회에 큰 파장을 미친 이슈들이다. 외식업계는 이러한 사회적 이슈에 직접적인 영향을 받기 때문에 메뉴의 개발과정에서도 현재의 사회적 이슈는 무엇인지, 앞으로 일어날 잠재 이슈로는 어떤 것들이 있는지를 정확하게 파악하여 식재료 및 메뉴 네이밍 등을 결정할 때 반영하여야 한다.

3) 경쟁업체분석

사회적 이슈에 대한 파악이 끝나면 경쟁사조사가 이루어지고 포지셔닝 맵을 작성하게 된다. 이때 직접적인 경쟁사는 국한시켜 분류하면서 다른 한편으로는 포괄적이면서 광범위한 조사를 통해서 거시적인 잠재 경쟁자까지 파악하는 것이 좋다. 폭넓은 시장조사는 새로운 아이디어들을 얻을 수 있는 샘물과도 같다. 국내에 한정된 경쟁사만 조사할 것이 아니라 시야를 넓게 갖고 해외의 경쟁사를 조사하는 것도 매우 중요하다. 최근에는 인터넷 사이트 등을 통해 해외자료를 충분히 얻을 수 있기 때문에 인터넷을 적극 활용하는 것도 좋은 방법이다. 이렇게 경쟁사조사자료들이 모이면 분위기와 객단가를 기준으로 포지셔닝 맵을 그린다. 포지셔닝 맵에서는 우리와 직접적인 경쟁구도에 있는 '경쟁사군' 뿐만 아니라 '조사대상군', '가능성 있는 경쟁군', '현재 비경쟁군' 을 포함하여 전체적인 시장구도를 파악하는 것이 중요하다.

4) 시장조사

사회적 이슈와 트렌드에 대해 흐름이 잡혔다면, 외식산업시장의 경향에 대해 자세히 조사해야 한다. 광범위한 시장조사를 위한 좋은 방법은 많은 곳을 여행해 보는 것이겠지만, 현실적으로 어려움이 따르므로 해외에서 발간하는 외식과 요리 관련 잡지 등을 통해 해외 시장 경향을 파악한다. 또한 케이블 TV도 시장조사를 위한 좋은 매체이다. 해외 스타 셰프(chef)들이 출연하는 다양한 요리 프로그램들을 통해 간접적으로 최신 식재료 트렌드를 담은 새방법 등을 참고할 수 있다. 메뉴 개발자는 새로운 콘셉트의 메뉴 개발을 위해 요리, 외식 트렌드뿐 아니라 패션 트렌드에도 관심을 가져야 한다. 패션계는 트렌드를 가장 빨리 반영하기 때문에 패션계 뉴스와 동향을 참고해, 신메뉴 콘셉트와 프로모션 방향에 참고자료로 활용할 수 있다. 외식업은 엔터테인먼트와 문화 그리고 경영마인드가 함께 필요한 분야이다. 그러므로 다양한 산업군에 항상 관심을 갖고 트렌드를 파악하는 트렌드세터가 되어야 한다.

5) 신메뉴 상품의 구상 및 가이드라인 결정

자료조사가 끝나면 영업팀과 마케팅팀, 메뉴개발팀이 모여 새로운 메뉴 상품에 대한 구상 및 가이드라인을 결정하는 미팅을 갖는다. 본 미팅을 통해 개발할 메뉴의 콘셉트와 강조점, 사용할 식재료들에 대해 논의가 이루어진다.

6) 메뉴 테스트를 위한 구매 미팅

메뉴에 대한 가이드라인이 결정되었다면 1차 메뉴테스트를 위해 구매팀과 미팅을 갖는다. 메뉴 개발자는 구매 담당자에게 1차 메뉴테스트의 콘셉트와 식재료, 조리에 필요한 기물에 대해 자세하게 브리핑하고, 특이한 식재료가 필요한 경우 식재료에 대한 맛과 색감 등 세부 정보까지 전달한다. 이런 브리핑 내용을 바탕으로 구매 담당자는 메뉴 개발자가 생각했던 식재료의 유통문제 혹은 원가문제 발생 시 대체할 수 있는 식재료 등을 생각해 보아야 한다.

테스트 레시피 (메뉴명 :　　　　　　　)							
식재료	종류 및 품종	단 위	분 량	EP코스트 (식재료 가격)	생산량	AP코스트 (total cost)	기 타

그림 3-10 테스트 레시피 포맷

피드백 포맷 (메뉴명 :　　　　　　　)		
주요 식재료		메뉴 사진
준비시간		
조리시간		
조리스킬		
메뉴원가		
예측 판매가		
기획의도		
시식후기		

그림 3-11 피드백 포맷

식재료에 대한 고려사항

- 메뉴의 원가는 적절한가?
- 표기된 원산지 제품을 사용하는가?
- 식재료와 연관하여 사용할 수 있는 메뉴는 무엇인가?
- 기존 메뉴와 비교 시 색, 농도, 만드는 과정의 차이는 없는가?

현장 조리과정과 관련하여 고려해야 하는 다섯 가지 사항

각종 장비 · 기기의 성능 및 활용성(equipments capability)
현재 매장에서 구비하고 있는 기물 종류를 정확하게 파악하고 개발한 메뉴를 현재 구비하고 있는 기물로 조리할 수 있는지를 확인해야 한다. 이때 조리에 필요한 기물이 없더라도 현재 보유한 기물을 활용하여 보완할 수 있는지 응용법을 생각해 보도록 한다.

피크타임 시 조리 가능 메뉴(Item at peak period producing)
피크타임에 조리가 가능한 메뉴인지 확인해 보아야 한다. 비록 메뉴의 맛이 매우 좋다 할지라도, 다른 메뉴와 비교 시 피크타임대에도 조리의 효율이 높은지를 확인해 보아야 한다.

식재 준비시간(prep time)
메뉴의 식재료를 준비하는 데 소요되는 시간이 얼마나 걸리는지 확인해야 한다. 같은 군의 다른 메뉴와 비교해 보았을 때 소요시간이 비슷해야 하며 만약 준비시간이 너무 길게 소요된다면 메뉴 출시를 다시 고려해 보아야 한다.

식재의 재보관(re-keeping)
영업 종료 후, 식재료의 재보관이 가능한지를 확인한다. 이는 원가를 줄이는 데 매우 중요한 부분이므로 매장의 냉장시스템(cooling system)에 따른 재보관이 가능한지 확인해야 한다.

메뉴의 재가열(cooling system & reheating system)
개발한 메뉴가 냉장보관과 재가열과정에서 어려움은 없는지를 확인한다. 왜냐하면 냉장과 재가열방법이 기존 메뉴와 같아야 효율적이기 때문이다.

7) 신메뉴 상품 테스트

메뉴 상품 개발에 필요한 식재료가 모두 준비되었다면 메뉴 개발팀을 주축으로 메뉴 상품 개발 1차 테스트를 진행한다. 1차 테스트 후, 위의 항목들을 모두 고려한 메뉴는 임직원 혹은 해당 부서가 모여 2차 메뉴 테스트를 하게 된다.

8) 레시피 확정 및 구매 오더

임직원 혹은 해당 부서의 메뉴 테스트에 통과하면 레시피를 확정시키고 구매팀을 통해 식재료를 주문한다.

9) 매장 교육

정확한 레시피가 도출되면 주방과 홀 직원들을 대상으로 신메뉴 교육을 실시한다. 이때,

교육 담당자는 메뉴 개발팀과 충분히 의견 교환을 해 개발자의 의도를 완벽하게 이해하도록 하며, 신메뉴를 만드는 과정을 자세하게 보고 받도록 한다.

또한 메뉴를 만드는 전 과정을 사진으로 촬영해 교육자료로 활용하도록 한다. 신메뉴 교육단계는 다음과 같다.

- 메뉴 출시 3주 전에 메뉴 개발자인 R&D 팀장이 각 매장의 주방과 홀 매니저들을 대상으로 레시피와 조리방법에 대해서 교육한다.
- 대표교육을 받은 주방매니저는 각 매장으로 돌아가 주방 직원에게 전파교육을 실시한다. 주방 교육자료는 상세하게 기록된 레시피, 조리방법, 프레젠테이션방법과 사진자료를 첨부하여 작성하도록 한다. 일반적으로 주방 매니저를 소집하여 교육을 하지만, 메뉴의 난이도에 따라 개발자가 각 매장을 순회하며 교육하는 '현장 교육(training on site)' 을 진행하기도 한다. 그리고 메뉴 출시 전, 주방 직원이 요리한 메뉴 테스트를 통해 더블 체킹(double checking)하며 부족한 부분은 재교육을 실시하도록 한다.
- 교육 후에는 반드시 주방 인력의 KPI 항목(핵심성과지표)으로 메뉴 특성관리를 평가하도록 하며, R&D팀을 중심으로 2주에 한 번씩 체크하여 평가에 반영하고 있다.
- 메뉴 출시 1주일 전에 홀 매니저가 각 매장의 홀 직원을 대상으로 신메뉴 교육을 진행한다. 교육자료는 메뉴의 특징과 사진으로 구성되어 작성되며 1차 메뉴 시식 교육 후, 2차 메뉴 테스팅을 통해 셀링 포인트(selling point)를 기술하도록 하여 고객에게 설명할 스크립트를 작성한다.
- 교육 후에는 목표 판매량 달성 여부를 평가해 홀 인력의 KPI(핵심성과지표) 항목으로 활용한다. 이때 손님에게 건네는 멘트, 단어, 용어는 통일성이 있어야 한다.

10) 메뉴북 제작 및 네이밍, 가격전략과 프로모션에 대한 기획

내부적으로 신메뉴 상품에 대한 준비가 끝났다면, 소비자에게 보여지는 메뉴북과 메뉴 네이밍, 가격전략과 프로모션의 기획이 진행된다. 메뉴북은 브랜드의 '제품설명서' 이자 브랜드 아이덴티티(brand identity)를 대표하는 것이므로 브랜드의 정체성을 고려하여 일관된 콘셉트로 제작되어야 한다. 메뉴 개발단계를 요약하면 그림 3-12와 같다.

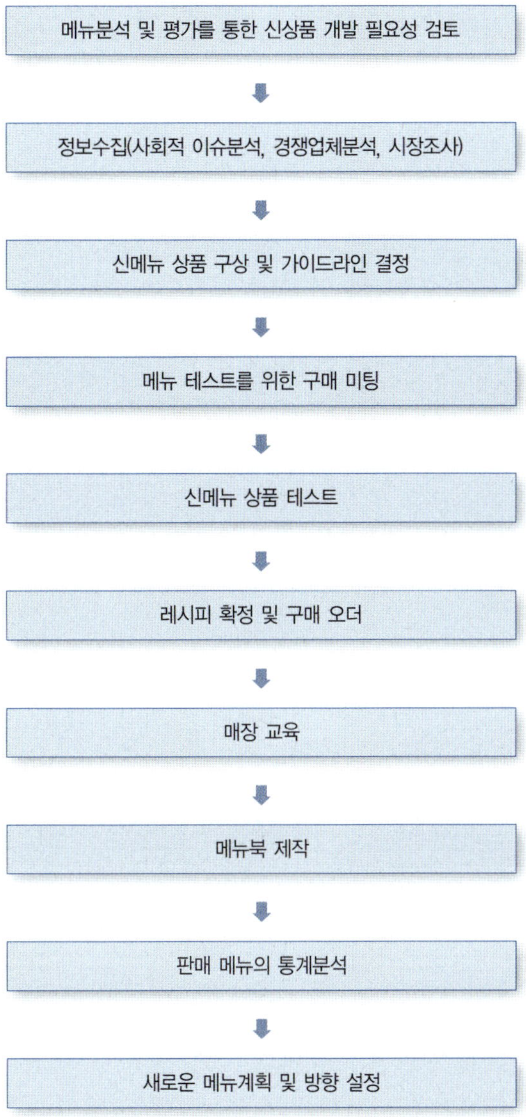

그림 3-12 메뉴 개발단계

Chapter 04

메뉴의 가격결정

외식산업시장에서의 경쟁은 특히 메뉴의 경쟁으로 현저하게 나타난다. 올바른 메뉴의 가격정책은 메뉴 품목을 폭넓게 하여 고객의 다양한 이용 동기에 대응할 수 있는 것으로, 고객의 흥미를 유발시키고 자극하여 판매를 지원 · 유지함으로써 시장점유율과 이익을 증가시킬 수 있는 활동이어야 하며 메뉴의 잘못된 가격정책은 단지 손해를 가져올 뿐만 아니라 메뉴를 사장시키거나 성공의 가능성을 상실하게 한다. 올바르고 합리적인 가격정책만이 성장과 수익을 가져올 수 있으며 새로운 시장 개발과 메뉴 판매 효과를 높일 수 있다.

이번 장을 통해 메뉴 가격결정의 의의와 목표, 메뉴가격결정 시 유의사항, 메뉴의 가격결정방법을 익혀 올바르고 합리적인 가격결정을 할 수 있도록 한다.

Chapter 04

메뉴의 가격결정

학습목표

1. 메뉴가격결정의 의의를 설명할 수 있다.
2. 메뉴가격결정의 목표를 설명할 수 있다.
3. 메뉴가격결정 시 유의사항을 설명할 수 있다.
4. 메뉴가격의 결정방법을 설명할 수 있다.

1. 가격결정의 의의

메뉴의 가격결정에 있어서 판매가격이 높고 낮음에 따라 원가율과 이익률이 달라지며, 이용하는 고객의 증감에 많은 영향을 받는다는 것을 알아야 한다. 그래서 고객의 구매심리를 적용한 가격설정방법이 많이 활용된다. 이는 고객에게 제공될 추정 가치를 제시함으로써 판매수요를 충족시키며 식당의 객관적인 이미지 평가를 할 수 있다.

2. 가격결정의 목표

- 목표 1 : 객단가의 이익을 극대화한다.
- 목표 2 : 외식업의 매출 목표와 수익성을 확보한다.
- 목표 3 : 고객별 점유율을 유지하거나 확보한다.
- 목표 4 : 주방경영의 합리화를 꾀한다.

3. 메뉴의 가격결정

1) 가격결정 시 고려해야 할 변수

일반적으로 메뉴의 가격을 결정할 때에는 외부적인 요인과 내부적인 요인을 함께 고려해야 한다. 외부적인 요인으로는 정부의 규제와 개입, 경쟁상황, 매장이 위치한 상권에 따른 가격수준(소비수준), 매장 규모 및 콘셉트, 인테리어, 동종 · 유사 업계의 가격수준, 동종업계의 메뉴가격을 경험한 고객들이 느끼는 가치 등이 있다.

내부적인 요인으로는 식재원가, 해당 메뉴에 소요되는 노동집약 정도, 메뉴의 독창성 등이 있다.

이와 같이 가격을 결정하는 데 고려해야 할 변수들은 많으나 외식업체에서 가격결정 시 고려하는 가장 객관적인 변수들을 정리하면 다음과 같다.

- 정부의 규제와 개입 : 가격자율화 이후에도 물가안정과 과소비억제정책의 일환으로 정부로부터 상당한 규제와 개입을 받는다.
- 경쟁상황 : 경쟁상황은 가격결정에 가장 큰 영향을 미치는 변수로 알려져 있다. 특히 우리나라의 경우 제공되는 유 · 무형의 서비스에 대한 차별화가 뚜렷하지 않은 경우 가격결정에서 경쟁상황의 고려는 절대적이다. 그러기 위해서는 메뉴계획에서부터 차별화가 이루어져야 한다.
- 가격정책 : 외식업소에 있어 메뉴가격정책은 식당의 수익과 직결되는 중요한 부분이다. 메뉴가격을 어떻게 정하느냐는 해당 메뉴는 물론 다른 메뉴의 판매에도 영향을 미치기 때문이다. 뿐만 아니라 '가격대비 만족도' 란 말이 있듯 메뉴에 대한 만족도는 맛에 부합하는 적정가격이 이루어졌을 때 최고치를 이끌어 낼 수 있다. 이처럼 메뉴의 가격은 업소의 매출을 결정짓는 가장 기본인 동시에 핵심 요소라고 할 수 있다.
- 수요의 탄력 : 메뉴에 제공되는 아이템, 가격, 질 그리고 기타 환경의 변화는 수요를 증가 또는 감소시킬 수 있다. 특히 가격인상은 수요에 아주 민감한 반응을 보인다.
- 고객이 인지한 가치 : 흔히들 모든 상품에는 세 가지의 이미지가 있다고 한다. 그 첫 번째가 상품의 실제 이미지이고, 두 번째가 그 상품이 이렇게 평가되었으면 하고 기

대하는 이미지, 마지막이 고객이 그 상품을 실제로 평가한 이미지이다.

레스토랑에서 고객은 식사의 대가로 금액을 지급한다. 여기서 말하는 식사의 대가란 포괄적인 의미로 고객에게 제공된 모든 가치를 말한다. 즉, 예약과정에서부터, 또는 외식업체에 도착하여 식사를 마치고 그 레스토랑을 벗어나기 전까지의 과정에서 제공받은 유·무형의 서비스에 대한 가치를 말한다. 이것을 식사경험 또는 식사체험(meal experience)이라고도 하는데, 지급한 가치와 제공받은 식사의 가치를 비교한 후 지급한 만큼의 가치가 '있다', '없다'를 평가하게 된다. 이와 같이 고객은 지급한 가치에 대한 평가를 제공받은 모든 유·무형의 서비스과정과 결과를 대상으로 하기 때문에 메뉴의 가격은 음식 자체만을 고려하여 결정하여서는 안 된다.

- 위치 : 레스토랑의 위치한 곳에 따라 가격은 큰 영향을 받는다.
- 서비스 타입 : 음식을 고객에게 제공하는 서비스방식뿐만 아니라 고객에게 제공하는 유·무형의 서비스의 종류와 질도 가격결정에 영향을 미친다.
- 질과 맛 : 음식의 질과 맛은 이용하는 식자재의 신선도와 질, 조리방식, 생산부서와 판매부서(서빙부서) 종사원의 기능 정도 등에 따라 가격결정에 영향을 미친다.
- 매출액(양) : 레스토랑의 규모와 예상매출액(양)도 가격결정에 영향을 미친다.
- 제비용 : 고객에게 제공할 유·무형의 상품을 생산하는 데 소요되는 모든 비용은 가격결정에 결정적인 영향을 미친다.
- 식음료원가 : 가격결정에 가장 많은 영향을 미치는 변수이다.
- 생산방식 : 중앙주방시스템이냐, 단일주방시스템이냐에 따라, 또는 사용하는 식자재가 완제품이냐 반제품이냐에 따라서도 가격에 큰 변화가 발생한다.
- 기대하는 수익률 : 영업을 통하여 어느 정도의 수익률을 기대하느냐에 따라서도 가격결정은 영향을 받는다.
- 가격수준과 가격의 폭 : 사전에 설정된 가격수준과 가격의 폭(상한가와 하한가), 그리고 가격점과 가격점 간의 차이 등도 가격결정에 큰 영향을 미친다.
- 식자재의 공급시장 : 식자재 공급시장의 위치와 조건은 가격결정에 큰 영향을 미친다.

2) 가격결정 시 유의사항

(1) 식자재 비율과 수익성과의 관계

식자재 비율은 메뉴의 가격결정 시 그 척도를 제시하는 중요한 역할을 한다. 때문에 많은 업자들은 무조건 식자재 비율을 낮춰주는 방향으로 운영을 하고 있다. 그러나 반드시 식자재 비율이 높은 품목이라고 하여 수익성이 낮은 품목으로 간주하는 것은 잘못된 생각이며 원가가 높다고 해서 수익성이 적다고 간주할 수도 없다.

(2) 경쟁관계

메뉴의 가격은 경쟁 요인과 직결한다. 고객의 대상이 거의 동일하고 동일한 상품을 제공할 경우, 메뉴로서 경쟁할 수 있는 수단은 가격인하이다. 그러나 가격인하는 동일한 상품일 경우에는 고객유인의 수단이 될 수 있으나, 상품이 특성을 가지고 있거나 그 가치를 따를 수 없을 때에는 하등의 효과를 얻을 수 없다. 오히려 특수 상품을 제시할 때에는 고가의 가격으로 경쟁업체를 물리치는 경우도 있다. 고객이 필요로 하는 상품일 경우에는 가격의 고하를 막론하고 고객은 꾸준히 이를 판매해 주기 때문이다.

(3) 시장 신축성

가격인하 시에는 시장신축성이 고려되어야 하는데, 고객의 소비력에 한계가 있기 때문이다. 가격인하 시마다 동일한 비율의 매출증대가 이루어지는 것이 아님은 시장의 한계성을 의미한다. 그래서 가격인하는 업체의 총 매출액 증가 기준의 유지 또는 그 이상의 효과를 얻을 수 있는 한계 내에서 이루어져야 하며, 매출액 감소 현상이 나타난다면 이는 메뉴 판매가격전략의 실패를 의미한다.

3) 가격결정의 기본 요소들

가격은 식자재비, 인건비, 일반 관리비, 목표이익의 합으로, 외식업소는 최종 판매가를 결정하기에 앞서 다음과 같은 사항들을 고려해야 한다.

(1) 경쟁업소들의 동종 메뉴가격

경쟁 업소의 동종 메뉴들과 가격을 비교하기 위한 기본적인 전제조건은 1인분 정량이 같거나 비슷해야 한다는 점이다. 이것은 종류가 같아도 정량이 다르면 가격결정의 중요한 요소인 원가가 달라져 객관적인 비교가 어렵기 때문이다. 그 밖에도 함께 제공되는 부식의 종류와 양도 정확한 비교를 위해서는 반드시 고려되어야 한다. 조금 다른 경우이지만 뷔페식당 간의 객단가를 비교하기 위해서는 메뉴의 종류와 가짓수가 기본적으로 같거나 비슷해야 한다.

(2) 전체 메뉴에서 개발 메뉴가 차지할 판매비중

판매량과 공헌이익을 기점으로 전체 메뉴에 대한 업소의 가격정책의 효율성을 검토하면서 개발 메뉴가 전체 메뉴에서 판매되는 비중을 파악하는 것도 가격결정에 앞서 이루어져야 할 중요한 부분이다. 높은 판매력과 이익 공헌도를 보이면서 리더격의 메뉴가 될 것이 아니라면 전체 매출 증가를 위한 전략 품목으로서는 높은 원가율에 비해 상대적으로 낮은 가격으로 대량 판매가 목적인지, 또는 단순한 고객 선택의 여지를 넓히기 위해서 추가되는 메뉴에 불과한 것인지 그 자리매김에 따라 가격이 달라져야 하기 때문이다.

(3) 가격에 대한 고객들의 반응

메뉴의 가격에 대한 고객들의 반응은 무엇보다도 그들이 인식하는 메뉴 자체의 가치에 의해 좌우된다. 일례로 삼계탕과 닭볶음탕의 가치 인식도를 비교해 보면 특별한 경우를 제외하고는 삼계탕의 가치가 높을 것이므로 삼계탕과 닭볶음탕의 가격책정에 있어서 바로 이러한 고객들의 가치인식의 차이가 반영되어야 한다는 것이다.

(4) 동종 메뉴 간의 가격 호환성

동종 메뉴에서 품목들 간의 가격차이가 심하면 선택해야 하는 고객들은 보통 잠깐이나마 고민하게 된다. 일반적으로 메뉴의 가격대가 넓으면 고객들은 저렴한 메뉴를 선택하는 경향이 있으므로 전체적인 매출액을 높이기 위해서라도 동종 메뉴 간에는 가격대가 너무 넓지 않도록 책정한다. 이 외에도 가격책정의 요소들로는 정부의 규제, 레스토랑의 위치, 서비스의 형태(음식을 고객에게 제공하는 서비스방식뿐만 아니라 고객에게 제공하는 유 · 무형 서비스의 종류와 질도 가격결정에 영향을 미친다), 질과 맛, 매출액(레스토랑의 규모와 예상 매출액도 가격결정에 영향을 미친다), 생산방식(중앙주방시스템이냐, 단일주방시스템이냐에 따라 가격이 달라진다), 원하는 수익률(영업을 통하여 얼마의 수익률을 기대하는가에 따른 가격책정), 식자재의 공급시장(식자재 공급시장의 위치와 조건은 가격결정에 큰 영향을 미친다) 등이 메뉴의 가격을 책정하는 요소들이 된다.

4. 메뉴의 가격결정방법

가격의 결정은 과학이 아니고 전략이다. 기업의 입장에서 보면, 가격은 이익의 원천으로서 총 수익에 영향을 주며, 목표이익을 달성하기 위한 기본 요건이 되는 동시에 판매량에 영향을 준다. 이렇게 중요한 가격결정이 대개 관리자가 알고 있는 가격결정에 영향을 미칠 몇 가지의 변수들만을 고려해서 의사결정이 이루어지는 경향이 있다. 일반적으로 가격결정에는 주로 원가, 수요, 경쟁 등 세 가지 요인이 중요시된다. 그러나 기본적으로 한 기업의 메뉴가격은 어디까지나 기업의 유지 및 성장을 고려하여 결정된다는 사실을 기억해야 한다. 가격결정방법은 주관적인 방법과 객관적인 방법으로 나뉜다.

1) 주관적인 방법

(1) 이상적인 가격결정법

고객이 음식을 먹고 난 후 식음료 매니저가 선정한 가격만큼의 가치를 지불할 것인지의 여부를 고려하여 판매가격을 책정하는 방법이다.

(2) 최고가격으로 결정하는 방법

식음료 매니저가 임의로 고객이 기꺼이 지불할 수 있는 가장 높은 가격을 설정하는 방법이다.

(3) 손실유도의 가격결정법

주력 품목의 가격을 인하하여 고객을 끌어 들인 후 다른 품목에서 업체의 이익을 남기기 위해 높은 가격을 받는 방법이다.

(4) 직관에 의한 가격결정법

업장의 매니저가 경험과 직권에 의해 폭넓은 추측 없이 결정하는 방법으로 상황에 따라 가격변동을 시도하기도 한다.

(5) 기준가격결정법

업체의 주 음식을 기준으로 일률적으로 퍼센트(%)를 응용하여 주 음식의 가격이 5% 증가 하였다면 기타 품목도 5%를 적용하여 가격을 설정하는 방법이다.

(6) 경쟁 지향적 가격결정법

경쟁 지향적 가격결정은 제품의 원가나 수요보다도 경쟁업자의 가격을 기준으로 가격을 결정하는 방법이다. 이 방법의 특징은 가격결정 시 제품의 원가나 수요보다는 경쟁기업의 가격변동을 더 중요하게 고려한다는 것이다.

① **가격선도제**(price leadership)

동일업계에서 가격변화에 가장 영향력 있는 기업인 가격선도자에 의해 가격이 결정되는 형태를 말한다. 이러한 가격결정은 독점상태하에서 가격선도자에 의해 나타나게 되며, 가격을 추종하거나 모방하는 가격을 추종가격 또는 모방가격이라 부른다.

② **적정가격결정법**(reasonable price)

경쟁 업체의 가격과 비교하여 적정수준이라고 판단되는 경영자의 주관적 가격결정방법을 말한다.

③ **특매 가격결정법**(loss leader price)

주력 품목의 가격을 인하하여 고객을 끌어들인 다음 이윤을 남기기 위하여 다른 품목에서 높은 가격을 받는 방법이다.

④ 경쟁입찰 가격결정법(competitive bidding pricing)

단체급식을 목적으로 업체에서 경쟁입찰에 의해 제품의 가격을 결정하는 것이다. 즉, 경쟁입찰 가격결정법은 기업의 원가나 수요에 기초를 두기보다는 경쟁사의 가격을 예측하여 그것을 기초로 가격을 결정하는 방법이다.

⑤ 시장 점유율 확보 가격결정법

침투가격(Penetration pricing)은 자사의 상품을 처음 소개하는 경우에 소비자들이 자사가 제시하는 침투가격이면 기존 사용하던 상품을 포기하고 자사 상품을 구입할 것이라는 전제하에서 시도하는 가격결정법이다. 기존 업체에서 시장의 침투를 막기 위하여 가격을 인하시키면 가격경쟁이 심화된다. 이런 경우 궁극적으로 승리자는 원가에서 우위에 있고 상표에 투자를 많이 하는 기업이다. 이러한 가격결정방법은 메뉴상 아이템의 판매가를 결정하는 데는 이용하지 않고 있으나 연회 상품은 종종 이용하는 경향이 있다.

⑥ 관습적 가격설정법

소비자들이 일반적으로 인식하고 있는 가격으로서 한두 기업에 의하여 가격이 결정되는 것이 아니라 기업들의 사회 관습에 의해 관행되는 가격으로, 동급의 레스토랑에서 제공되는 음식들의 관습적 가격설정방법이다.

(7) 유인가격설정법

유인가격은 촉진가격(promotional pricing)이라고도 하며 여러 상품을 취급하는 연쇄점이나 백화점에서 특정 상품을 고객 유인용 상품으로 하여 가격을 싸게 함으로써 다른 상품의 구매까지 유도하는 전략이다. 이러한 전략은 레스토랑에서 거의 이용하지 않지만 부분적으로 이용되는 호텔도 있다. 원가가 매우 높은 메뉴를 최소한의 비용으로 회수하고, 약간의 공헌이익을 취하는 수준에서 판매하는 전략으로 고객을 유인한다. 식재료원가가 매우 비쌀 경우 마진을 고려하지 않고 원가수준에서 가격을 책정하여 고객을 유인한다. 가을철의 자연산 송이버섯, 러시아 흑해산 캐비어 등이 해당된다.

고객이 메뉴선택 시 다른 메뉴들의 가격을 비교한 후 최종 결정하는 것을 감안해 메뉴 구성 시 주력메뉴와 유인메뉴(미끼메뉴)를 조합하여 주력메뉴의 선택을 증대시키는 방법이다. 2만 원대 스테이크를 판매하고 있는데, 이에 대한 판매가 부진할 경우 3만 원대 스테이크(유인메뉴)를 메뉴판에 추가하면 기존의 2만 원대 스테이크는 3만 원대 스테이크에 비해 상대적으로 저렴하게 인지돼 판매가 높아질 수 있다.

2) 객관적인 방법

객관적인 방법은 이윤가격법(markup pricing)으로 지칭되며 식자재비에 몇 배를 받아야 이윤을 얻게 되는가를 계산하는 방법이다. 가격결정방법으로 다양한 계산법을 적용할 수 있으나 흔히 사용되고 있는 것으로는 다음의 세 가지를 꼽을 수 있다.

(1) 배수에 의한 가격산출법

배수에 의한 가격산출법(the factor pricing method)은 가장 간단한 가격결정법으로 과거의 영업실적자료를 가지고 있는 레스토랑에서 많이 활용한다. 여기서 배수(factor)란 어떤 정수의 정수배를 본래 정수의 배수라 한다. 즉, 정수 a를 0이 아닌 정수 b로 나누었을 때 그 몫이 정수이면 a를 b의 배수라고 한다. 원하는 식재료비 (%)를 100으로 나눈 배수를 식재료비에 곱하여 산출한다.

연구 1

실식자재비를 기준으로 메뉴의 가격을 산출해 본다.
갈비탕 1인분의 실식자재비가 2,000원이고, 식자재 비율이 40%인 경우의 메뉴가격을 구해 본다.

① 배수를 구한다.

$$\frac{100}{40}\% = 2.5(\text{배수})$$

② 메뉴가격을 구한다.

메뉴 기준가격 = 실식자재비 × 배수
= 2,000원 × 2.5
= 5,000원

③ 메뉴가격을 선택 또는 조정한다.

연구 2

주 재료비만을 기준으로 메뉴 가격을 산출해 본다.
냉면 1인분의 주 재료비가 550원이고 주재료 비율이 14.6%인 경우의 메뉴가격을 구해 본다.

① 배수를 구한다.

$$\frac{100}{14.6}\% = 6.8(\text{배수})$$

② 메뉴가격을 구한다.

메뉴기준가격 = 주 재료비 × 배수
= 550원 × 6.8
= 3,740원

③ 메뉴가격을 선택 또는 조정한다.

TIP | 주 재료비에 의한 가격산출법은 가격 변동이 심한 재료를 이용하는 품목에 적용하게 되면, 가격 변화 시마다 수익성의 고하를 수시로 판단할 수 있다.

연구 3

갈비탕 1인분의 주 재료비가 2,000원에서 2,200원으로 인상되었다고 하면 메뉴의 가격은 다음과 같다(주 재료 비율 40%).

① 배수를 구한다.

$$\frac{100}{40}\% = 2.5(\text{배수})$$

② 메뉴가격을 구한다.

메뉴 기준가격 = 주 재료비 × 배수
= 2,200원 × 2.5
= 5,500원

메뉴 기준가격 = 주 재료비 × 배수
= 2,000원 × 2.5
= 5,000원

주 재료비 200원의 상승으로 인해 메뉴가격은 500원의 차이를 나타낸다.

(2) 주 원가에 의한 가격 산출법

배수를 이용한 가격결정방법(Prime cost system)에서는 식료에 대한 전체적인 원가율과 특정 아이템에 대한 재료원가를 바탕으로 가격을 계산하였다. 반면, 카페테리아에서 많이 이용하는 주 원가(식자재비+직접인건비)를 이용한 가격결정방법에서는 인건비가 더 추가되어 배수를 이용한 가격결정방법에서와 같이 계산된다.

여기에서 추가되는 인건비는 특정 아이템을 생산하는 데 직접적으로 요구되는 인건비만을 말한다. 하지만 레스토랑의 형태, 생산시스템, 이용하는 식자재 등에 따라 특정 아이템을 생산하는 데 요구되는 인건비는 각기 다를 수 있기 때문에 직접인건비를 산출한다는 것이 문제가 된다. 그래서 전체 인건비의 1/3을 직접인건비로 간주하고(정확한 수치는 아니지만 대략적으로 1/3 정도를 차지한다) 식자재의 원가에 추가하여 주 원가를 설정한다.

주 원가(Prime cost)는 외식기업의 가장 중요한 인건비(labor cost)와 식재료원가(food cost)를 합한 비용이다.

주 원가 = 식자재비 + 직접인건비

가격결정방법에는 다양한 계산법을 적용할 수 있으나 흔히 사용되고 있는 계산법은 다음과 같다.

연구 4

전체 식자재 비율이 40%, 전체 인건비 비율이 30%, 특정 아이템을 생산하는 데 요구되는 표준목표상의 식자재원가가 1,600원, 직접인건비가 300원인 경우의 메뉴가격을 구해 본다.

① 주 원가를 구한다.

주 원가 = 식자재비 + 직접인건비
= 1,600원 + 300원
= 1,900원

② 주 원가 비율을 구한다.

40% + 10% = 50%

③ 배수를 구한다.

$$\frac{100}{50}\% = 2(\text{배수})$$

④ 메뉴가격을 구한다.

1,900원 × 2(배수) = 3,800원

⑤ 메뉴가격을 선택 또는 조정한다.

주 원가를 이용하여 가격을 계산하는 방법에서는 전체 인건비 중에서 직접인건비를 중요하게 고려하였다. 그러나 여기서 말하는 직접인건비는 그 아이템을 만들기 위하여 준비하고 조리하는 데 이용되는 노동력만을 말한다.

연구 5

연구 4의 예를 배수를 이용한 방법으로 계산해 보면 다음과 같다.

① 배수를 구한다.

$$\frac{100}{40}\% = 2.5(\text{배수})$$

② 메뉴가격을 구한다.

메뉴 기준가격 = 실식자재비 × 배수
= 1,600원 × 2.5
= 4,000원

즉, 주 원가를 이용하는 방법이 200원(4,000원−3,800원) 정도 낮게 책정된다.

만약 특정 아이템을 생산하는 데 소요되는 직접인건비를 산출하기 위해서는 메뉴상에 있는 각 아이템을 만드는 데 요구되는 실력, 소요되는 시간이 상세하게 산출되어 있어야 한다. 그리고 주 원가를 이용하는 방법과 배수를 이용하는 방법에서는 가격에 대한 차이가 있다. 즉, 주 원가를 이용하는 방법이 배수를 이용하는 방법보다 가격이 낮게 책정된다.

(3) 실비에 의한 가격산출법

실비에 의한 가격산출법(actual pricing)은 생산 및 운영에 필요한 전 비용과 기대하는 수익률을 실제로 적용하여 가격을 계산하는 방법으로 앞의 방법들보다 더 구체적인 방법이라고 말할 수 있다. 식자재비, 인건비, 식자재비와 인건비를 제외한 변동비율, 고정비율 그리고 이익률을 바탕으로 가격이 계산되며 식자재비와 인건비는 과거의 기록이 없는 경우 동종 외식업체의 평균을 이용한다. 손익계산서에서 변동비와 고정비, 그리고 이익(propit)을 참조하여 결정한다.

연구 6

식자재비 1,800원, 직접인건비 400원, 고정비율 15%, 비고정비율 12%, 원하는 수익률이 15%인 경우의 메뉴가격을 구해 본다.

① 직접비를 구한다.

직접비율 = 100% − 고정비율 + 비고정비율 + 기대수익률
= 100% − (15% + 12% + 15%)
= 100% − 42%
= 58%

② 실비를 구한다.

실비 = 식자재비 + 직접인건비
= 1,800원 + 400원
= 2,200원

③ 배수를 구한다.

$$\frac{100}{58}\% = 1.7(\text{배수})$$

④ 메뉴가격을 구한다.

2,200원×1.7(배수)
= 3,740원

⑤ 메뉴가격을 선택 또는 조정한다.

실제원가를 이용하여 가격을 계산하는 방식은 모든 원가와 일정한 기대수익까지 가격 계산에 포함하고 있기 때문에 앞의 방법들보다는 더 구체적인 방법이라고 할 수 있지만 가격 계산에 요구되는 정보의 정확도에 따라 가격결정에 대한 정확도가 결정된다는 점을 이해해야 한다.

(4) 매출 총 이익을 이용하는 방법(the gross-profit mark-up method)

손익계산서상의 매출 총 이익(gross profit)을 전체 고객 수로 나눈 숫자(객당 평균 매출 총 이익)를 메뉴원가에 합산하여 산출하는 방법으로 식재료비만을 기준으로 한 위의 방법과 달리 식재료비 외에 인건비, 경비, 이익률 등의 기타 요소를 모두 고려하여 메뉴들의 원가범위가 서로 비슷할 경우에 활용한다.

매출 총 이익을 이용한 가격의 계산은 모든 아이템에 일률적으로 객당 (평균)매출 총 이익을 부과한다. 그 결과 원가가 낮은 아이템의 경우에는 가격이 낮게, 그리고 원가가 높은 아이템의 경우에는 가격이 높게 설정되어 원가가 높은 아이템을 주문하는 고객은 원가가 낮은 아이템을 주문하는 고객에 비하여 손해를 본다.

객당 평균매출 총 이익이 높으면 높을수록 순이익이 높아질 수 있는 가능성도 높다. 그러나 매출 총 이익은 총 매출액에서 식료원가만을 감한 것이기 때문에 가격을 높이면 매출 총 이익은 높아질 수 있지만 고객의 감소를 초래할 수 있는 가능성도 높다.

연구 7

총 매출액 4억 2,000만 원, 식료원가 1억 2,000만 원, 방문고객 수 7만 5,000명, 메뉴원가가 2,000원인 경우 메뉴의 가격을 구해 본다.

① 매출 총 이익을 구한다.

매출 총 이익 = 총 매출액 − 식료원가
= 4억 2,000만 원 − 1억 2,000만 원
= 3억 원

② 객당 평균매출 총 이익을 구한다.

객당 평균매출 총 이익 = 매출 총 이익 ÷ 방문고객 수
= 3억 원 ÷ 7만 5,000명
= 4,000원

③ 메뉴가격을 구한다.

메뉴 가격 = 객당 평균매출 총 이익 + 매뉴원가
= 4,000원 + 2,000원
= 6,000원

④ 메뉴가격을 선택 또는 조정한다.

결과적으로 가격의 상승보다는 합리적이고 과학적인 관리를 통하여 제반비용을 감소시키고 매출 총 이익을 높이는 것이 경쟁이 치열한 오늘날 레스토랑을 관리하는 관리자들이 추구하여야 할 과제이다.

연구 8

식료원가 3,000원, 인건비 35%, 운영경비 25%, 수익률이 6%인 경우의 메뉴가격을 구해 본다.

1 식료원가를 제외한 기타 비용을 구한다.

기타 비용 = 인건비+운영경비+수익률
= 35%+25%+6%
= 66%

2 메뉴가격을 구한다.
먼저 100%에서 식료원가를 제외한 기타 비용을 빼준 후 메뉴원가를 이 숫자로 나누어 메뉴가격을 결정한다.

100% − 66% = 34%
3,000 ÷ 34% = 8,823원

3 메뉴가격을 선택 또는 조정한다.

(5) 미국 텍사스 레스토랑협회에서 개발한 방식을 이용하는 방법

미국의 텍사스 레스토랑협회에서 개발한 방식(the TRA method)은 이윤을 중요시한 가격계산방식으로, 과거의 영업결과를 정리한 자료와 회원레스토랑에서 제출한 수익률에 대한 통계치를 정리한 자료가 기본적으로 요구된다. 또한 아이템의 가격을 계산하는 데는 식료원가, 인건비, 기타 비용과 이윤 등이 요구된다.

손익계산서에서 인건비율, 경비율, 수익률을 모두 합한 숫자를 100에서 뺀 후 메뉴원가를 이 숫자로 나누어 판매가를 결정한다.

외식업소에 있어 메뉴가격 책정은 업소의 수익과 직결되는 중요한 부분이다. 메뉴의 가격을 결정하는 방법은 해당 메뉴는 물론 다른 메뉴의 판매에도 영향을 미치기 때문이다. 뿐만 아니라 '가격대비 만족도'란 말이 있듯이 메뉴에 대한 만족도는 맛에 부합하는 적정가격이 이루어졌을 때 최고치를 이끌어 낼 수 있다. 이처럼 메뉴가격은 업소의 매출을 결정짓는 가장 기본인 동시에 핵심 요소라 할 수 있다. 전략적 가격결정이 이루어져야 '앞에서 팔고 뒤에서 밑지는' 헛장사를 방지할 수 있는 것이다.

메뉴가격의 조정

메뉴가격은 외식업체의 경영경험에 의해 약간의 조정이 이루어진다. 그 내용은 다음과 같다.

- 계산하기 쉬운 단위로 조정한다.
- 잔돈이 거래되지 않도록 한다.
- 경쟁력을 가질 수 있도록 조정한다.
- 고객에게 매력을 느낄 수 있는 숫자로 조정된다.

Chapter 05

원가관리

원가관리는 원가계획과 원가통제로 이루어져 있다.

COST가 낮게 유지된다고 하여 좋은 원가관리는 아니다. 고객은 맛이 없거나 서비스가 좋지 않으면 가격 또한 비싸다고 느끼며 고객을 잃게 되어 원가는 좋지만 결국 매출은 떨어지고 만다. 원가의 중요성은 누구나 강조하지만 원가의 조정기법과 이것을 이용한 정책의 결정은 많은 이들이 간과하고 있다.

이번 장을 통해 원가가 무엇인지, 원가의 종류에는 무엇이 있는지, 레스토랑의 경비와 인건비가 원가율에 비해 적정하게 유지되고 있는지 등을 이해한다. 그리고 재고자산, 감가상각 등을 익힌 후 원가통제를 통하여 원가를 합리적으로 관리할 수 있도록 한다.

Chapter

05 원가관리

학습목표

1. 원가관리의 개념을 설명할 수 있다.
2. 원가의 종류를 설명할 수 있다.
3. 원가의 구성을 설명할 수 있다.
4. 표준원가를 설명할 수 있다.
5. 재고자산을 설명할 수 있다.
6. 감가상각을 설명할 수 있다.

1. 원가관리의 개념

1) 원가의 의의

원가는 어떤 재화나 서비스를 획득하기 위해서 소비된 자원을 화폐가치로 표현한 금액을 말한다. 즉, 경영목적을 달성하기 위한 경제적 가치를 의미하며 코스트(cost)라고도 한다.

우리나라 공인회계사(KICPA)의 원가계산 기준에 의하면 '원가라 함은 경영에 있어서 일정한 급부에 관련하여 파악된 재화 또는 용역의 소비를 화폐가치로 표시한 것이며, 원가는 경영목적 이외의 경제가치의 소비나 이상상태하의 경제적 가치의 감소를 포함하지 아니한다.' 라고 규정하고 있다.

2) 원가관리의 의의

현대에 들어와 호텔산업과 외식산업이 비약적으로 발전하고 있는데, 이러한 발전은 식음료 원가관리의 중요성을 증대시켰다. 원가관리란 일정한 생산조건하에서 원가의 발생이 계획 또는 표준으로부터 이탈하지 않도록 통제하는 것을 말한다. 또한 표준 또는

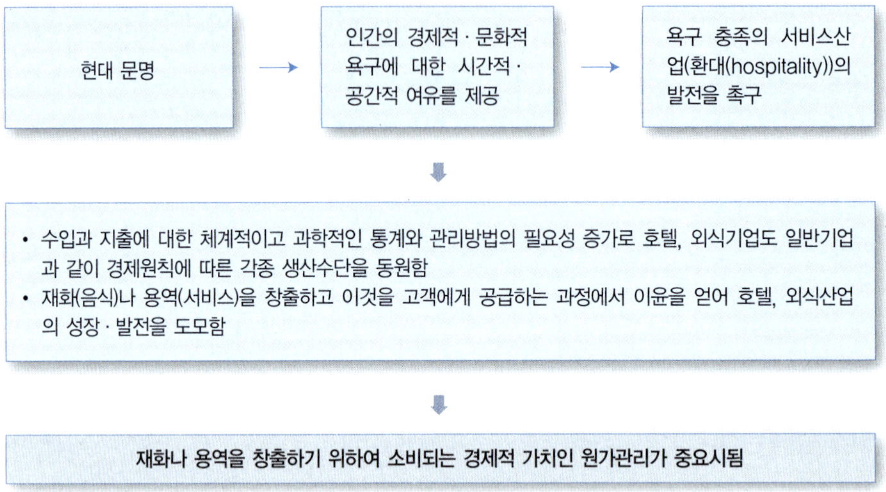

그림 5-1 식음료 원가관리의 의의

예정원가를 설정하며 실적과 비교하여 차이를 산정하며, 관리책임자 및 원인별 원가 차이를 분석하고 관련되는 관리자에게 보고하여 차이의 원인을 개선하는 일련의 활동을 말한다.

호텔 또는 외식산업의 식음료 영업에 있어서 요리 및 음료의 생산과 관련된 식음료 원자재의 원가관리 또는 원가통제를 중심으로 한 일련의 경영관리 기술이며 경영방침 또는 이익계획에 입각하여 결정된 상품으로서 요리와 음료의 품질 및 분량에 합당한 식음자재의 구매 · 제조 · 판매를 실행하여 가능한 최대의 이윤이 확보되도록 하기 위한 재료원가관리시스템이다. 호텔산업과 외식산업의 발전과정을 통해 식음료 원가관리의 의의를 살펴보면 그림 5-1과 같다.

3) 원가관리의 목적

원가관리의 목적은 원가관리의 기초자료를 제공하여 외부보고용 재무제표 작성을 통한 이해관계자에게 유용한 정보를 제공하며, 기업 내부의 경영계획을 수립 및 통제하고 특수한 의사결정에 필요한 정보를 제공하기 위해 생산과 영업활동에 관한 원가자료를 집계 · 배분 · 분석하는 데 있다. 식음료 원가관리의 목적은 레스토랑의 경영상태를 측정하

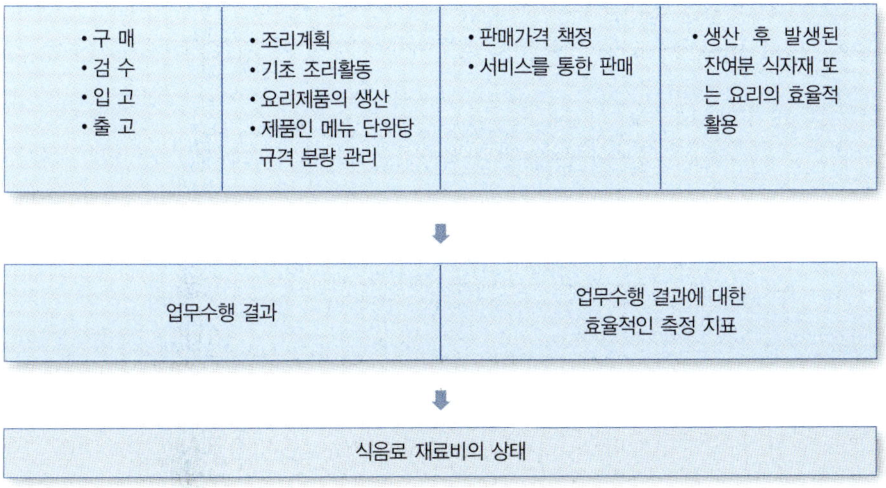

그림 5-2 레스토랑 경영을 위한 업무

는 것이다. 이는 식음료 재료비의 상태파악을 통해 알 수 있다. 식음료 재료비의 상태를 파악하는 것이 레스토랑의 경영에 미치는 영향을 살펴보면 그림 5-2와 같다.

식음료 재료비의 상태를 파악한다고 해서 식음료 원가관리가 저절로 이루어지거나, 레스토랑의 경영상태가 좋아지는 것은 아니다. 레스토랑 경영의 성공과 실패는 복잡한 식음료 원가를 효율적으로 관리하는 경영능력에 좌우된다는 식음료 원가관리의 중요성을 인지해야 할 것이다.

식음료 원가관리는 식음료 경영에 있어서 정해진 표준을 목표로 하여 이것에 실제의 식음료 경영활동이나 결과를 접근시키려고 노력하는 것이라는 점에서 일반 제조기업에서의 원가절감활동과는 구분되는 것이 특색이다.

4) 원가관리의 기능

원가관리의 기능은 결정된 상품으로 식음료의 품질과 분량에 합당한 식음자재를 구매 · 제조 · 판매하는 것이다.

원가관리의 기능을 세부적으로 살펴보면 그림 5-3과 같다.

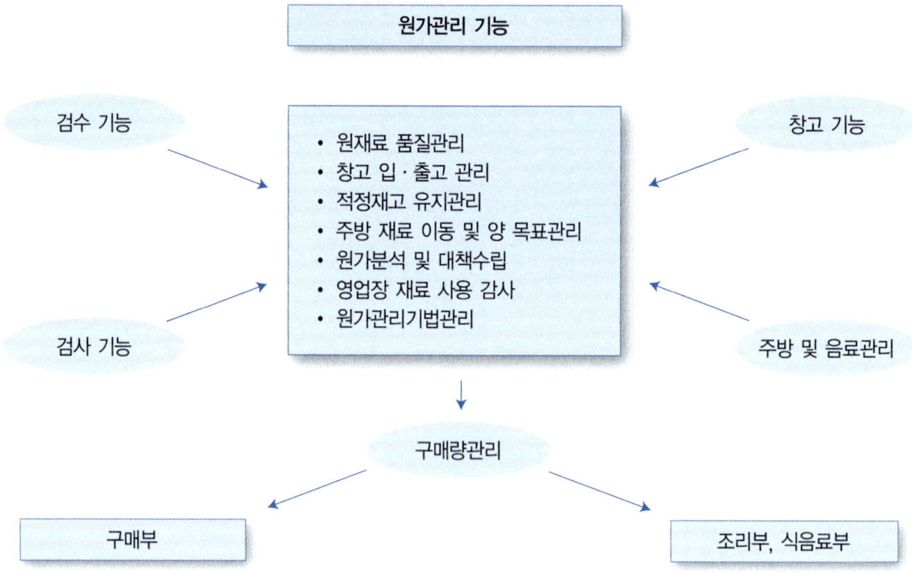

그림 5-3 원가관리 기능

2. 원가의 분류

원가에는 수많은 유형이 있으며 이들 원가는 경영자의 관리목적에 따라 상이하게 분류할 수 있다. 즉, 원가의 개념은 매우 다양하다.

1) 원가의 세 가지 요소

원가의 세 가지 요소는 재료비(material cost)와 노무비(labor cost), 경비(overhead cost)로 이는 재무회계의 비용 발생을 기초로 하는 원가 발생 형태에 따른 분류이다. 또한 경비를 감가상각비, 이자비, 혼합비로 분류하여 원가의 다섯 가지 요소로 부르기도 한다.

(1) 재료비

재료비란 제품의 제조를 위해 소비된 재료의 가치를 말하며, 단체급식시설에 있어서의 재료비는 급식재료비(material cost)를 의미한다. 제품제조를 위한 재료의 소비액으로 필요에 따라 주요 재료비, 부재료비, 부품비, 연료비, 소모품비, 소모공구비 등으로 구분한다.

- 주요 재료비 : 제품생산에 직접 소비되는 금액으로, 기능적으로 중요한 구성 부분을 이루며 입고 시 물리 · 화학적 제품 형태로 존재하는 재료의 소비액이다.
- 부재료비 : 제품생산에 직 · 간접적으로 소비되나 당사 입고 시 제품 형태로 존재하지 않는 재료의 소비액으로 도금비, 열처리비 등이 이에 속한다.
- 수입재료(부품)비 : 수입하는 부품 및 재료비를 말한다.
- 외주재료(부품)비 : 코스트상 이익이 되어 타 업체로 제작 의뢰한 임가공비 및 부품비가 이에 속한다.

(2) 노무비

노무비(labor cost)란 제조활동에 직접 · 간접적으로 종사한 종업원에게 대하여 소비된 가치, 즉 노동력의 소비에 대하여 발생한 원가를 말한다. 노무비에는 임금, 급료, 잡급, 상여수당, 퇴직금 충당금 전입액, 복리후생비 등이 해당된다.

(3) 경 비

제품의 제조에 소비된 가치로서 원재료비, 노무비를 제외한 그 밖의 원가 요소가 모두 경비(overhead cost)이다. 감가상각비, 보험료, 수도광열비, 운임비, 수선비, 통신비, 잡비 등 다수의 비용이 포함되며 직접경비와 간접경비로 나눈다.

- 직접경비 : 장비상각비, 건물상각비, 전력비, 수선비
- 간접경비 : 직접경비를 제외한 경비 부분으로 이에는 비품비, 차량공기구비, 수도광열비, 소모품비, 차량유지비, 여비교통비, 통신비, 보험료, 조세공과금, 지급임차료, 교육훈련비 외 기타 경비가 해당된다.

2) 직접원가와 간접원가

원가 요소를 그 제품에 직접 부과할 수 있느냐 없느냐에 따라 분류한다. 부과할 수 있으면 직접비이며, 부과할 수 없으면 간접원가이다.

(1) 직접원가

직접원가(direct cost)란 특정 제품의 제조를 위해서만 소비되어 직접 그 제품에 부과할 수 있는 원가 요소이다. 직접재료비(주요 재료비), 직접노무비(임금), 직접경비(특별비, 외주가공비 등)로 분류한다.

(2) 간접원가

간접원가(indirect cost)란 여러 종류의 제품제조를 위하여 공통적으로 소비되어 특정 제품에 직접 부과할 수 없는 원가 요소이다. 적당한 기준에 의해서 각 제품에 부과되며 간접원가는 간접재료비, 간접노무비, 간접경비로 분류한다.

3) 판매비와 일반관리비

총 원가에 산입되는 원가를 분류한 것이다.

(1) 판매비

판매활동을 위한 비용으로서 판매원의 임금, 수당과 판매수수료, 광고료, 발송비, 포장비 등이 이에 포함된다.

(2) 일반관리비

경영 전반에 걸친 일반관리활동에서 발생하는 비용이다. 관리 부문의 직원과 관리자의 급여, 수당, 조세공과, 사무용 소모품비, 임차료 등을 말한다.

4) 고정비와 변동비

경영의 조업도, 제조활동에 비례하여 증가 또는 감소하는 비용에 따른 분류이다. 원가형태에 따른 분류로, 원가형태란 조업도의 변화에 따른 원가발생액의 변동상태를 말한다.

(1) 고정비

고정비(fixed costs)란 조업도의 변동, 매출의 신장과 관련 없이 원가총액이 변동하지 않고 일정하게 발생하는 비용으로 감가상각비, 급여, 보험료, 임차료 등이 있다.

① 순수고정비

순수고정비는 조업도와 관계없이 일정하게 발생하는 원가이다. 즉, 가격변화와 같은 외부 요인의 변동이 없는 한, 조업도가 증가하거나 감소하여도 이에 영향을 받지 않고 총액이 일정하게 발생하는 원가를 의미한다. 조업도의 증가 · 감소에 따라서 총 고정비는 일정하게 나타나지만 조업도가 증가하면 단위당 순수고정비는 점차 감소하게 되고, 조업도가 감소하면 단위당 순수고정비는 점차 증가하게 된다. 순수고정비에는 조업도와 관계없이 고정적으로 발생하는 임대료, 감가상각비, 종업원에게 지급하는 고정급 등이 있다.

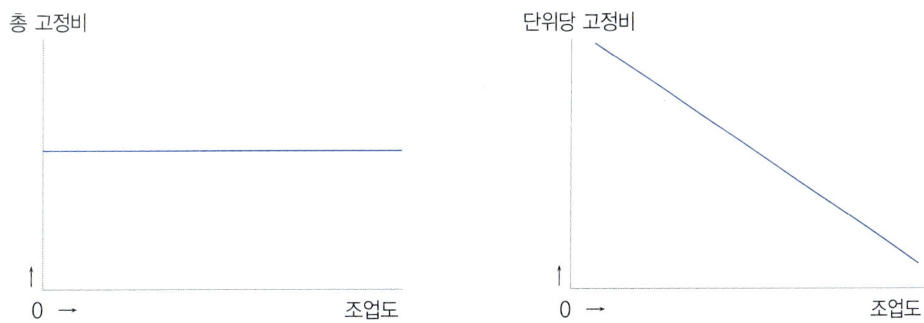

그림 5-4 순수고정비의 형태

② 준고정비

일정한 범위의 작업 내에서는 일정한 금액이 발생하지만, 이 범위를 벗어나면 일정액만큼 원가발생액이 증가 또는 감소하며 달라진다. 두입 요소의 불가분성 때문에 계단형

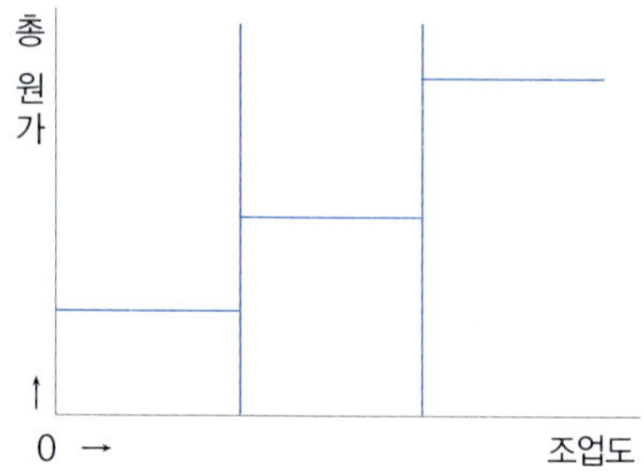

그림 5-5 준고정비의 형태

의 원가 형태를 가지는데, 이는 계단원가(step costs)라고도 한다.

준고정비는 원가를 발생시키는 항목을 필요한 양만큼만 정확하게 구입할 수 없는 불분활성(indivisibility)을 갖기 때문에 이러한 계단 형태를 가진 원가가 발생하게 된다.

(2) 변동비

변동비(variable costs)란 조업도의 변동 및 매출에 따라 원가 총액이 변동하는 비용으로 직접재료비, 직접노무비 및 매출액의 일정 비율로 지급되는 판매수수료 등이 있다.

① 순수변동비

조업도의 변동에 따라 직접적으로 변동하는 원가이다. 조업이 중단되었을 경우에는 전혀 발생하지 않는 원가이지만, 제품의 생산량이나 판매량 등 조업도의 변동에 따라서 비례적으로 증감하는 재료비와 노무비 등의 비용이며, 이는 비례적인 성격을 갖는다.

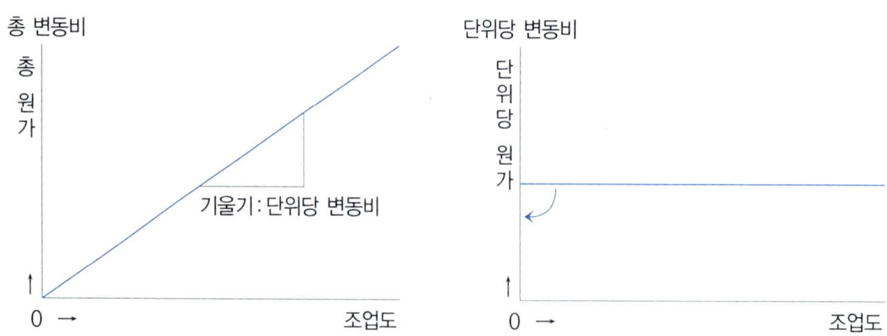

그림 5-6 순수변동비의 형태

② 준변동비

준변동비는 변동비와 고정비의 두 요소를 모두 가지고 있는 원가이다. 조업도와 관계없이 발생하는 일정액의 고정비와 조업비의 변화에 따라 단위당 일정 비율로 증가하는 변동비로, 혼합원가(mixed costs)라고도 한다.

따라서 준변동비는 조업도가 0일 때에도 고정비 부분만큼의 원가가 발생하며, 조업도가 증가함에 따라 비례적으로 증가한다. 전기료, 수도광열비, 수선유지비 등이 여기에 속한다.

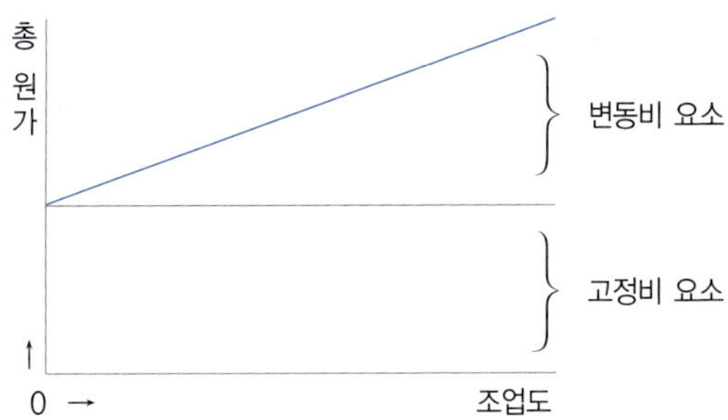

그림 5-7 준변동비의 형태

5) 실제원가와 예정원가

(1) 실제원가

제품의 제조가 완료된 뒤에 실제로 발생한 소비액으로서 산출된 원가로, 확정원가 또는 보통원가라고도 한다.

(2) 예정원가

제품의 제조 이전에 예상되는 원가이며, 원가관리에 도움을 준다.

① 추산원가

제품의 제조에 착수하기 전 예정에 의하여 계산된 원가로서 과거의 실적을 기초로 앞으로 발생되리라 예상되는 원가를 추산하는 원가를 말한다. 추산원가는 주문생산의 가격을 결정하는 기초자료로서 중요하다.

② 표준원가

기업이 표준적 작업활동을 행하는 경우에 발생되리라고 예상하는 원가로서 영업수준이 최고에 이르렀을 때, 최소원가의 역할을 하여 실제원가를 통제하게 된다.

3. 원가의 구성

제품원가를 구성하는 각 원가 요소는 여러 단계를 거쳐 판매가격을 구성하게 된다.

1) 직접원가

직접적인 원가 요소로 직접재료비, 직접노무비, 직접경비 등으로 구성되며 특정 제품의 제조를 위해 소비된 비용이다. 직접경비는 거의 발생하지 않으므로 직접비 중 직접재료비와 직접노무비를 포함하여 기초원가 또는 제1원가(prime costs)라고 한다.

- 직접원가 = 직접재료비 + 직접노무비 + 직접경비
- 기초원가 = 직접재료비 + 직접노무비

어떤 원가가 실질적 또는 경제적으로 특정 제품 또는 특정 부문에 직접 관련시킬 수 있을 때 직접적으로 부담 · 부과하거나 직접적으로 추적할 수 있는 경우 그 원가를 직접원가(direct cost)라고 한다.

2) 제조원가

제조원가(manufacturing cost, factory cost)는 직접원가에 제조간접원가(공장 건물이나 설비에 대한 감가상각비, 보험료, 수도광열비 등)를 합한 원가이며, 일반적으로 제품의 원가라고 할 때에는 제조활동의 모든 원가 요소를 포함하기 때문에 제조원가를 의미한다. 또한 직접노무비와 제조간접원가를 합하여 가공원가 또는 전환원가(conversion costs)라고도 한다.

- 제조원가=직접원가+제조간접비
- 가공원가(전환원가)=직접노무비+제조간접비

3) 총 원가

직접원가와 제조원가에 판매비와 관리비(판매원의 급료, 사무실이나 매장의 감가상각비, 포장비, 운반비 등)를 합한 것이 총 원가(total cost)이다.

총 원가=제조원가+판매(직접 · 간접)비+일반관리비

4) 판매원가

판매가격으로 총 원가에 판매이익을 합하면 판매원가(selling cost)가 된다. 여기서 판매비는 직접비에 속하며 관리비는 간접원가에 속한다.

- 직접원가=직접재료비+직접노무비+직접재료비
- 제조원가=직접원가+제조간접비
- 총 원가=제조원가+판매(직접 · 간접)비+일반 관리비
- 판매가격=총 원가+이익

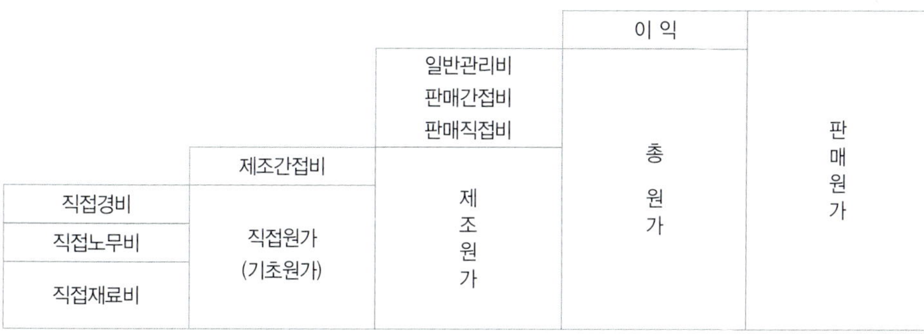

그림 5-8 원가의 구조

4. 표준원가

1) 표준원가의 정의

표준원가는 과학적으로 정확하게 예정된 원가로서 작업이 합리적이고 효율적으로 수행된다면 당연히 달성되어야 할 원가이다.

과학적 · 통계적 방법으로 사전에 표준이 되는 원가를 설정하고 이 원가를 실제원가와 비교 · 분석하여 표준원가를 산출하기 위해 실시하는 원가계산의 한 방법으로 제품의 표준원가에 직접재료비, 직접노무비, 제조간접원가 각각에 대한 표준가격과 표준수량을 설정하고 이를 곱하여 계산한 금액을 합한 것이다.

2) 표준원가의 유용성

표준원가는 경영관리에 다음과 같은 도움을 제공한다.

- 효율적인 원가관리의 통제
- 경영계획 시 의사결정에 이용
- 예산작성을 위한 기초자료 제공
- 제품의 제조 및 매출원가의 산정에 기초
- 책임별 원가관리 가능

3) 표준원가의 종류

(1) 당좌표준원가

단기적 경영활동의 목표를 표시해 주는 표준원가로 현재의 모든 여건을 반영함으로써 그것을 기초로 설정, 비교적 단기간에 걸쳐 사용된다. 그러므로 당좌표준원가(current stan-dard cost)는 원가의 달성목표를 나타내는 규범이 되는 원가로서 원가관리의 도구로 사용된다.

① 이상표준원가

이상표준원가(ideal standard cost)는 모든 여건이 완벽한 이상적인 상태, 즉 낭비나 축소 · 폐기 등이 전혀 없고, 최적의 능률이 보장되며, 설정된 모든 보조적 표준이 준수되었을 경우에만 실현될 수 있는 원가이다. 19세기 초에는 이러한 이상표준원가가 지배적인 양상을 보였으나 오늘날에 와서는 달성 가능한 원가가 지배적 경향에 있다.

② 정상표준원가

정상표준원가(normal standard cost)는 과거의 정상적인 조업상태인 실제 조업도의 평균에 장래 예측치를 고려하여 결정한 조업상태하에서의 표준원가이다.

③ 달성가능 표준원가

달성가능 표준원가(attainable standard cost)는 실제로 발생될 조업도를 예상하고 이에 준해서 실제로 달성할 수 있는 여건과 수준에서 결정되는 표준원가를 말한다.

달성가능표준원가 = 이상표준원가 + 허용차

이처럼 현실적인 표준을 경영관리 목적을 위해 사용하는 주된 까닭은 첫째, 그 결과로 산정된 표준원가는 다목적적인 기능이 가능하며, 둘째, 장차 비능률적인 직무수행에 의해 달성가능한 합리적인 목표로서 종업원들이 목표의식을 갖고 경영에 참여할 수 있어서 종업원에 대한 동기화에 바람직하게 작용될 수 있기 때문이다. 그러므로 호텔 · 외식산업의 레스토랑에 도입되고 있는 식음료 원가관리는 당좌표준원가이며, 달성가능 표준원가이다.

(2) 기준표준원가

기준표준원가(basic standard cost)는 실제원가의 변동 상황 측정을 목적으로 장기간에 걸친 조업도, 가격 및 능률 등을 전제로 하는 비교적 장기에 걸쳐 수정되지 않는 원가로, 제품의 종류나 현재의 제조방법 등을 변경할 때의 특수한 조건하에서만 작성 · 계획된다. 따라서 기준표준원가는 공정계획 등에 중시되는 원가로 재무제표나 회계장부에는 기입되지 않는다. 또한 이 원가는 시간의 경과와 함께 제조방법이 변화함으로써 통용되지 못하고 점차 현실과 유리되는 결점을 가지므로 원가능률의 지표로는 삼지 못한다.

4) 식음료의 표준원가 설정

식음료 원가관리의 형태는 크게 비율에 의한 원가관리제도와 표준원가관리제도로 나뉜다. 표준원가관리제도는 미리 재료비를 결정하여 사전원가를 계산하고 이것을 목표로 실제원가와 비교함으로써 원가를 관리하려는 방법이다.

현대의 식음료 사업이 목표에 의한 관리(Management By Objective : MBO)를 지향한다는 측면에서 고려할 때 원가의 적정선 유지 여부를 판단함으로써 경영자의 의사결정을 도와줄 수 있는 판단의 지표가 필요하게 된다. 표준원가관리제도란 업적을 판단하고 각 메뉴 품목별 판매가격의 결정에 필요한 자료로서의 수치와 기준을 신속히 파악해야 하는 경영관리상의 요구에 대한 해결방안인 것이다.

표준원가관리에 의해서 기대되는 경영성과의 제고는 경영관리의 목적, 의사결정의 목적, 노무비 절약의 목적 등과 같은 목적기능의 달성에 의한다고 할 수 있다.

표준원가를 설정하기 위해 어려운 점은 표준가격과 표준수량을 설정해야 하는데, 이에 대한 뚜렷한 기준이 없다는 것이다. 또한 설정된 표준원가가 종업원에게 동기를 부여할 수 있는 수준이 되어야 한다.

표준화의 설정, 즉 표준화의 대상 업무는 다음의 네 가지이다.

- 표준구매명세서(standard purchase specification)
- 표준조리법(standard recipes)
- 표준분량규격(standard portion sizes)
- 표준 산출량(standard yield)

(1) 표준구매명세서

표준구매명세서(standard purchase specification)는 어떤 특정 있는 요리를 생산함에 따라 요구되는 식자재 개개의 품목에 대한 품질, 크기, 중량, 단위, 수량, 기타 요구되는 품질요소 등을 사내 표준으로 정해진 내역의 기술서를 뜻한다.

이 표준구매명세서는 레스토랑 관리자, 구매대리인, 물품납품업자, 검수자, 주방장 등이 사용하며 장점 및 단점은 다음과 같다.

① 장 점

- 구매 품목 수를 줄일 수 있다.
- 구매 비용을 줄일 수 있다.
- 납품처의 가격견적과 매장영업에 대한 경쟁이 가능하다.

② 단 점

- 표준구매명세서를 작성하는 데 시간과 노력이 필요하다.
- 검수 직원의 업무가 증가된다.

(2) 표준조리법

레스토랑의 경영 목적에 일치하는 표준조리법(standard recipes)은 식음료 품목의 제조에 대한 표준이다.

품질과 분량 규격에 맞는 특정 요리를 생산하기 위하여 설정된 요리의 표준에 관한 기술서로 원재료, 준비절차, 1인분의 크기와 1인분 분할 기구, 장식 등 기타 정보를 담고 있다. 표준조리법을 따르면 누가, 언제 조리하든지, 누구에게 서브하든지 모양, 맛, 원가가 일정하다.

표준조리법(standard recipes)의 일관성 유지는 모든 통제, 마케팅, 조직의 핵심이며, 표준조리법의 작성 목적은 소요재료의 명세와 조리방법을 기술하는 것으로, 기대되는 일정 품질수준의 식료를 생산하려는 데 있는 것이다. 최근 전면에는 천연색 사진을 포함시켜 요리의 담는 법까지를 표준화하고 있으며, 후면에는 준비 및 조리방법과 비용이 기술되어 있는 것이 보통이다. 표준조리법의 특징은 다음과 같다.

① 장 점

- 조리 작업이 용이해진다.
- 감독을 줄일 수 있다.
- 재료의 낭비를 막을 수 있다.
- 조리사나 바텐더의 부재 중에도 표준조리법이 있으면 미숙련자도 준비할 수 있다.
- 표준조리법, 표준분량규격은 식음료를 통제할 수 있으며 이를 통해 매장관리자가 정확한 표준원가를 수립할 수 있다.

② 단 점

- 조리사나 바텐더가 부정적 태도를 가질 수 있다.
- 기존 조리법의 수정, 종업원 교육에 많은 시간이 소요된다.

③ 표준조리법의 개발

기존의 조리법을 버리기보다는 어려운 점을 최소화하여 절차에 따라 단계적으로 표준화 시켜야 한다.

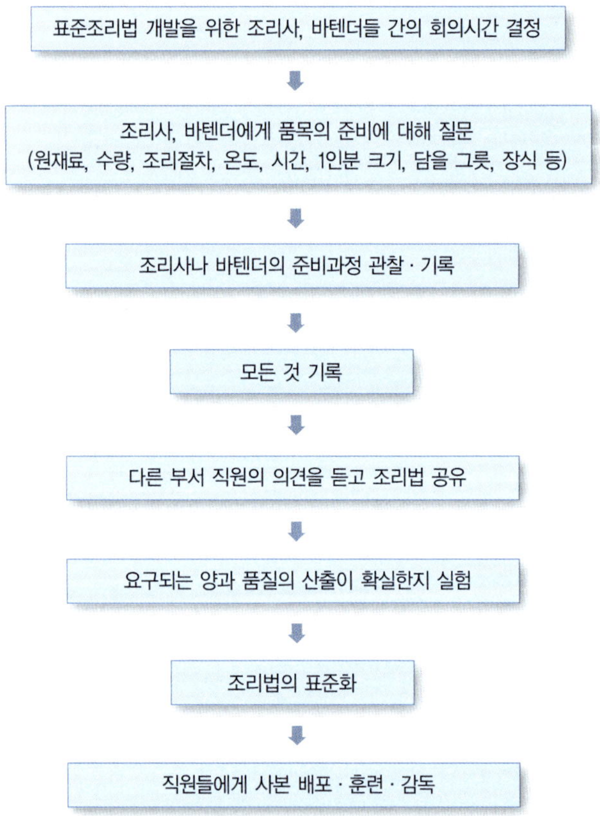

그림 5-9 표준조리법의 개발 절차

(3) 표준분량규격

식음료 각각의 표준조리법에 따라 1인분 표준분량규격(standard portion sizes)을 명기해야 한다. 표준분량규격은 메뉴에 표시된 가격으로 식당의 고객에게 판매되는 모든 요리에 대한 주재료의 중량, 분량, 수량 등의 규격을 나타낸 것이다.

이것의 목적은 먼저 고객이 지급한 금액에 합당하는 품질(가치)의 음식을 제공함으로써 고객의 욕구를 충족시키며, 과도한 분량의 생산 및 판매로 인한 손실을 방지하여 적정원가율 유지를 통한 목표이익을 실현하는 데 있다.

계량 기구를 사용하여 정확한 양을 제공해야 하며, 표준분량규격이 명시된 것을 주방, 작업대 등에 비치하여 종업원들이 담당 식음료 품목에 대한 정확한 분량과 규격을 알 수 있게 해야 한다. 표준분량의 설정과 지속적인 실행은 경영진의 책임에 의해서 과다한 분량으로 소비를 촉진하거나, 분량미달로 고객을 잃지 않도록 해야 한다.

(4) 표준산출량

표준산출량(standard yield)이란 구매된 상태의 식자재로부터 자재의 손실, 작업 결과로 얻어진 순수 중량 또는 수량을 의미한다. 다시 말해서 식자재가 가공되어 고객에게 판매될 수 있게 된 상태에서의 수량 또는 중량을 의미한다.

조리 시 준비단계, 조리, 1인분 분할의 3단계 중 어디에서나 손실이 발생한다. 하지만 산출량 실험을 통해 표준산출량을 결정하면 서로 다른 납품업자로부터 공급받은 비슷한 제품의 산출량을 비교하여, 낮은 원가의 원재료로 대체할 수 있다.

5) 실제원가의 분석

실제원가를 표준원가와 비교함으로써 현재 원가가 적정선에 있는 가의 여부를 평가하려는 데 실제원가 계산의 목적이 있다. 소비된 재료가액을 계산하는 방법은 대체로 계속기록법, 재고조사법, 역계산법 등으로 대별되는데, 각 메뉴 품목의 준비나 조리를 위해서는 중복되어 사용되는 재료도 많아서 요리 품목별로 그 소비량을 계속 기록한다는 것은 그리 쉬운 일이 아니다. 그러므로 식료원가계산에 있어 흔히 이용되는 소비재료액(cost to food consumed)의 결정방법은 재고법으로서 월단위로 해서 기초 재고액(beginning inventory)에 당기매입액(purchases)을 가산한 데서 기말 재고액(ending inventory)을 차감함으로써 산출한다.

식재료 소비액 = 기초 재고액 + 당기매입액 − 기말 재고액

위의 식에서 기초재고는 기말재고와 같으며, 당기매입은 당기소비와 같음을 알 수 있다. 판매된 식료에 대한 매출원가는 소비재료액을 기초로 모든 비용을 더하고 기타 종업원의 급식비, 주장에서 사용한 식료나 주방에서 사용한 음료비 등의 금액을 가감함으로써 산출된다.

식음료의 매출원가 = (재료소비가액 − 종업원 급식비 − 주장에서 사용한 식료비)
+ 주방에서 사용한 음료비

6) 표준원가와 차이분석

(1) 표준원가

표준원가 계산은 원가관리를 주 목적으로 하는 방법으로 기준이 되는 원가, 즉 표준원가와 실제원가를 비교해서 그 차이를 분석하고 분석을 토대로 생산의 효율을 높이는 원가관리를 시행하는 것이다.

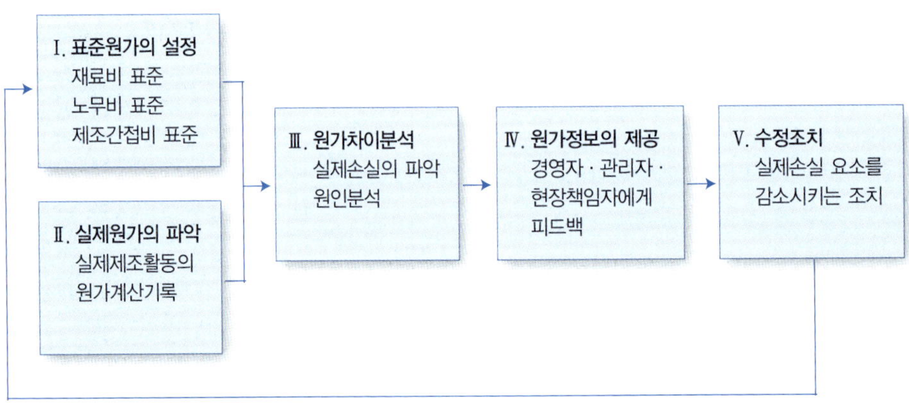

그림 5-10 원가관리단계

표준원가란 정상적이고 효율적인 영업상황에서 발생할 것으로 예상되는 원가로서 특정작업의 효율적 수행 여부를 판단하는 기준이 된다. 표준원가는 물량단위로 표시되는 수량표준과 화폐금액으로 표시되는 가격표준을 사용하여 사전에 결정하는데, 일반적으로 각 원가 요소별로 설정되는 것이 보통이다. 즉, 제품의 표준원가는 직접재료원가, 직접노무원가, 제조간접원가 각각에 대해 수량표준과 가격표준을 곱하여 계산한 금액을 모두 합한 것이다.

실무에서는 표준원가를 예산과 유사한 개념으로 사용하고 있으나, 이 두 가지 개념은 서로 차이가 있다. 즉, 표준원가는 사전에 결정된 단위당 원가의 개념이지만 예산은 재무상의 계획으로서 총체적 개념이다.

표준원가는 계획, 통제 및 제품원가 계산 등에 유용하게 사용된다. 표준원가가 설정되어 있으면 현금조달, 원재료구입 등의 계획과 이러한 계획을 금액으로 표시하는 예산을 쉽게 수립할 수 있다. 예를 들어, 특정 생산량을 제조하기 위해 재료구입계획 및 예산을 수립하는 경우를 살펴보자. 제품단위당 재료사용량에 대한 표준이 설정되어 있는 경우에는 재료구입에 필요한 자금소요액을 알 수 있기 때문에 구체적인 자금조달계획 및 현금예산을 쉽게 편성할 수 있다.

표준원가가 설정되어 있으면 작업이 진행되고 있는 동안 실제투입량 및 실제원가가 표준을 기초로 설정된 통제 한계 내에서 발생하고 있는지를 즉시 파악할 수 있으므로 적시에 원가통제가 이루어질 수 있다. 또한 예외에 의한 관리를 실시할 수 있기 때문에 경영자의 시간을 보다 효율적으로 사용할 수 있게 된다. 즉, 실제원가가 표준을 근거로 설정된 허용 범위 내에 있으면 경영자는 이에 대해 특별한 주의를 기울이지 않고, 실제원가가 허용 범위를 벗어나는 예외적인 경우에만 특별한 주의를 기울임으로써 효율적인 관리를 수행할 수 있다. 또한 표준원가는 종업원의 성과평가의 기준으로도 유용하다. 즉, 표준원가와 실제원가를 비교하여 종업원의 성과를 평가할 수 있다.

표준원가를 사용하여 제품원가계산을 하는 경우에는 제품수량에 단위당 표준원가를 곱해서 제품원가를 계산하기 때문에 원가계산이 용이하고 회계처리가 간소화된다. 즉, 표준원가계산제도에서는 선입선출법이나 후입선출법과 같은 원가흐름에 대한 가정이 필요 없고 실제원가를 계속해서 기록해야 할 필요도 없으며, 단지 제품 한 단위가 생산될 때마다 단위당 표준원가만 기록하면 된다.

(2) 차이분석

차이분석은 실제 발생액을 예산 및 표준과 비교하여 그 차이를 분석하는 기법으로 원가 통제 및 성과평가 목적에 많이 이용된다. 먼저 특정 기간 동안에 발생한 실제투입원가와 실제생산량에 허용된 표준원가를 비교하여 차이를 구하는데, 이렇게 계산된 차이를 총 차이(total variance)라고 한다.

① 총 차이

실제가격(AP)에 실제투입량(AQ)을 곱한 실제원가와 표준가격(SP)에 실제산출량에 허용된 표준수량(SQ)을 곱한 표준원가의 차이를 말한다.

총 차이 = 실제원가 − 표준원가
= (AP × AQ) − (SP × AQ)

② 가격차이

실제가격(AP)에 실제투입량(AQ)을 곱한 금액과 표준가격(SP)에 실제투입량(AQ)을 곱한 금액의 차이이다. 즉, 가격차이(price variance)는 실제원가와 실제투입량에 대한 표준원가와의 차이이다.

가격차이 = (실제가격 − 표준가격) × 실제수량
= (AP × AQ) − (SP × AQ)
= (AP × SP) × AQ

③ 능률차이

표준가격(SP)에 실제투입량(AQ)을 곱한 금액과 표준가격(SP)에 표준투입량(SQ)을 곱한 금액의 차이이다. 즉, 능률차이(efficiency variance)는 실제투입량에 대한 표준원가와 표준투입량에 대한 표준원가와의 차이이다.

능률차이 = (실제수량 − 표준수량) × 표준가격
= (SP × AQ) − (SP × SQ)
= (AQ × SQ) × SQ

원가차이(손익차이)

매출 요인

계획 대비 실적 매출의 증감에 의한 손익차이 요인

- 가격차이 : 가격변동, 즉 가격의 인상 및 인하에 따른 손익차이
- 판매량차이 : 판매수량의 변동에 의한 손익차이 요인
  = (실제 판매량 − 계획판매량) × 계획단가 × 계획한 이익률
  = (실제 판매가격 − 계획판매가격) × 실제판매량

원가 요인

계획 대비 실제원가 요소의 사용량의 차이에서 오는 손익차이 요인

- 재료비차이 : 재료가격 변동, 사용량 차이에 따른 차이
  = (실제재료비 단가 − 계획재료비 단가) × 실제판매량
- 변동비차이 : 변동량 차이에 따른 차이
  = (실제변동비 단가 − 계획변동비 단가) × 실제판매량
- 고정비차이 : 예산차이, 조업도차이에 따른 차이
  = (실제고정비 − 계획고정비)

5. 재고자산 가치

재고를 측정하는 데 필요한 두 단계가 있는데, 재고 수량을 파악(재고자산의 수량결정)하고 재고의 가치를 결정(재고자산의 가격결정)하는 것이 그것이며, 여기에는 실지조사법과 계속기록법이 있다.

실지조사법은 보통 회계기간 말에 재고품을 실지로 조사하는 것으로 재고품의 불출이 통제되지 않기 때문에 문서상의 일이 적다. 또한 구체적인 통제가 잘 이루어지지 않기 때문에 재고보유에 대한 지속적인 정보를 제공하지 못하며, 매출원가 계산을 위해서 재무제표 작성 시마다 재고품에 대한 조사가 이루어져야 한다.

반면 계속기록법은 구매와 출고는 모두 발생 시에 기록되어 의사결정자들은 항상 실사 없이도 창고에 있는 각 재고품의 수량을 파악할 수 있다. 재고품에 대한 통제는 경영자들로 하여금 재고가 고갈되지 않고 적정량을 유지하도록 하여 재고품에 대한 투자와 비용을 감소시키도록 하나 이러한 통제를 위해서는 재고품에 대한 실제적인 통제와 재고 불출, 수령보고서와 계속기록카드 및 인력이 필요하게 된다.

재고자산의 평가와 관련하여 원가법과 저가법을 들 수 있는데, 원가법은 각 평가법에 의하여 자산의 취득가액을 그 자산의 평가액으로 하는 방법을 말하며, 저가법은 법령이 정하는 시가법에 의하여 평가한 가액 중 낮은 편의 가액을 평가액으로 하는 방법을 말한다.

원가법에는 개별법(actual cost), 선입선출법(First-In, First-Out : FIFO), 후입선출법(Last-In, First-Out : LIPO), 가중평균법(weighed average) 등이 있다. 시점에 따라 재고자산의 가치가 달라진다.

(1) 개별법

실제원가를 각 단위 품목에 배분시키는 것으로 고가 품목의 사용에만 실시된다. 재고에서 모든 상품에 대해 지불된 실제원가를 고려하는데 그렇게 저장된 제품의 가치는 개당 비용에 의해 표현된 가치이다.

(2) 선입선출법

저장소에 들어와서 놓여진 순서대로 상품이 저장소로부터 출고되는 것을 말한다. 재고자산 중에 먼저 매입한 것을 매출원가로 보는 방법이다. 가장 오래된 원가를 매출원가에 할당시키며 가장 최근의 원가를 남아 있는 상품에 적용한다.

(3) 후입선출법

가장 최근에 구매된 제품이 먼저 사용되는 것을 전제로 하며, 가장 나중에 매입한 것을 매출원가로 보는 방법이다. 가장 최근의 원가를 매출원가에 할당하고 가장 오래된 원가를 나머지 상품에 적용시킨다.

(4) 가중평균법

평균원가법이라고도 하며 상품의 원가를 재고자산의 각 단위에 동일하게 배분하여 일정기간에 있어 동종의 재고자산원가를 평균한 평균원가로 기말 재고액을 결정하는 것을 말한다. 이때 실재재고조사법으로 적용된 경우를 총 평균법(total average valuation method)이라고 하고, 계속기록법에 적용된 경우를 이동평균법(moving average valuation method)이라고 한다.

만일 상품구매시장이 인플레이의 상황(상품의 구매단가가 계속 오르고 있는 상황)이라면 선입선출방법이 낮은 매출원가와 높은 기말재고가치가 있게 된다. 반대로 후입선출법의 재고평가방법은 가장 최근의 높은 가격을 매출원가에 적용하고 있다. 그리고 평균법으로 계산한 매출원가와 재고가치가 중간을 낸다. 그러나 가격이 계속 떨어진다면 선입선출법과 후입선출법에 의한 자산평가에 그 반대 현상이 일어난다. 한편 개별법은 인플레이션, 디플레이션에 관계없이 취득원가로 계산되는 것이므로 어느 특정 판매단위에 따라 매출원가를 산출하게 된다.

연구 1

각 재고자산 평가방법이 재고 원가 결정에 얼마나 영향을 미치는지 살펴본다.

월말에 재고 품목으로 한 개에 200원 하는 우동사리가 28개 있다고 가정한다. 그리고 그 다음 달 초에 그 달에 사용 가능한 기초재고자산으로서 28개가 있다. 현재 한 개에 220원하는 우동사리 15개가 구매되었다. 마지막으로 이 달 말에 재고자산 수는 현재 20개가 사용 가능하다고 나타났다. 재고자산에서 우동사리의 가치는 얼마인가?

1 선입선출법

선입선출법은 재고자산의 가치를 가장 최근 구매에 기초를 둔다.

> 최근 구매 = 220원 × 15개 = 3,300원
> 기초재고자산 = 200원 × 5개 = 1,000원
> 우동사리 재고가치 = 최근 구매 + 기초재고자산
> = 4,300원

2 후입선출법

후입선출법은 재고자산의 가치를 최초 구매에 기초를 둔다.

> 최초 구매 = 200원 × 20개
> 우동사리 재고가치 = 4,000원

3 개별법

개별법을 사용한다면 우동사리마다 입고할 때의 날짜와 구매가격이 표시되어 있을 것이다. 재고자산원가를 결정하기 위해 각각의 구매가격에서 사용 가능한 우동사리 개수가 셈될 것이다. 실제개수가 월말에 계산된다는 것에 따라 220원의 우동사리 14개, 200원의 우동사리 6개가 현재 재고 목록에서 사용이 가능하다고 가정하자. 원가가치를 결정하는 실제원가방법은 재고자산에 우동사리의 실제가치가 결정된다.

220원 × 14개 = 3,080원
200원 × 6개 = 1,200원
3,080 + 1,200 = 4,280원
우동사리 재고가치 = 4,280원

4 가중평균법

가중된 평균방법은 개별가격에 획득된 실제 개수를 세는 것으로 결정된다. 그러나 이 방법은 한 달 동안 지불된 평균 케이스 가격에 의해 월말에 재고목록에 남아 있는 개수를 곱함으로써 재고자산 가치를 결정한다.

기초재고자산 = 200원 × 28개 = 5,600원
한 달 구매액 = 220원 × 15개 = 3,300원
43개 = 8,900원
한 개당 평균 가격 = 8,900원 ÷ 43개 = 207원
20개 207원 = 4,140원
우동사리 재고가치 = 4,140원

명확히 재고자산을 측정하는 방법은 결정된 가치에 중요한 영향을 줄 수 있다. 예에서 우동사리의 재고자산 가치는 다음과 같다.

선입선츨법 : 4,300원
후입선출법 : 4,000원
개별법 : 4,280원
가중평균법 : 4,140원

위의 연구에 따르면 재고자산 평가방법에 따라 매출원가가 상이한 결과를 나타내고 있다.

4,300원(선입선출법)에서 4,000원(후입선출법)까지 범위가 있는데 300원의 차이는 단지 재고자산에서 하나의 제품에 대한 작은 양이다. 다른 제품의 많은 양의 가치가 평가될 때는 다양한 방법에 의하여 얻어지는 그 결과 사이의 차이는 엄청날 것이다.

이것은 매출이익에 영향을 주게 되는데, 위 계산에 의하면 FIFO의 의한 재고자산평가가 가장 많은 매출이익을 가져오게 했다. 또한 재고자산의 평가방법에 따라 재고자산의 가치와 매출원가가 상이한 결과를 나타내고 있다. 이것은 매출이익에 영향을 주게 되고 결국 매출이익에 따른 법인세에도 영향을 미치게 되는 것이다.

제품의 시장구입가격이 상황에 따라 변하는 속성은 있지만 경영자는 가장 정확한 방법에 의해 재고자산을 평가하고 이것이 재무제표에 반영이 되도록 하는 것이 중요하다고 할 수 있다. 이러한 것은 식음료원가의 산출방법에도 똑같이 적용된다고 볼 수 있다.

6. 감가상각

1) 감가상각의 개념

기업을 경영하기 위해서는 자산이 필요한데, 그 자산은 고정자산(토지, 건물, 기계 등)과 유동자산(현금, 예금, 원재료 등) 및 기타 자산으로 구분한다. 고정자산은 일정기간이 경과하면 사용이 불가능하게 된다.

그러나 그 가치는 그것이 사용 불능이 되었을 때 모두 없어지는 것이 아니라, 전 기간에 걸쳐서 평균적으로 감가되며, 그 기간마다 일부 가치가 생산물에 이전된다는 견해에서 시간의 흐름에 따른 자산의 가치 감소를 일정한 기간의 내용연수(耐用年數)에 일정한 비율로 분배하여 회계에 반영하는 것이다.

감가상각(減價償却, depreciation)이란 경제학적으로는 자산의 가치감소를 의미하나, 회계학의 관점에서는 취득한 자산의 원가를 자산의 사용기간에 걸쳐 비용으로 배분하는 과정(allocation)을 의미한다. 그리고 이때 기간에 따른 차액으로 감가된 비용을 감가상각비라고 한다. 즉, 유형자산의 취득원가 배분과정을 감가상각이라고 하고, 연도별 배분금액을 감가상각비라고 한다.

그러나 감가상각에도 예외가 있다. 토지는 영구적으로 이용 가능하고, 건설 중인 자산은 후에 건물로 전환된다. 따라서 이 두 종류의 자산과 무형자산 중 광업권, 어업권에 대해서는 감가상각을 하지 않는다.

2) 감가상각의 계산 요소

감가상각 시에는 취득원가, 내용연수, 잔존가격의 세 가지 요소를 결정해야 한다.

① 취득원가

자산이 취득되어 원래의 목적대로 사용될 수 있는 상태에 이르기까지 필요한 모든 지출액을 말한다.

② 내용연수

유형자산이 경제적으로 사용될 것으로 기대되는 기간으로서 유형자산의 수명을 말한다. 내용연수는 자산이 물리적 가치감소와 기능적 가치감소를 모두 고려하여 합리적인 기간을 산정해야 한다.

유형 자산이 견디어 낼 수 있는 기간, 즉 사용 가능 연수(토지 제외)를 말한다.

③ 잔존가치

유형자산을 처분할 때 획득될 것으로 추정되는 금액에서 그 자산의 철거비 및 판매비용을 차감한 금액을 말한다. 세법에서는 유형고정자산의 잔존가액을 취득가액의 10%로 정하고 있고, 무형고정자산의 잔존가액은 0으로 정하고 있다. 보통 구입가격의 10%를 잔존가치로 계산한다.

- 감가상각액 대상금액(감가상각 기준액) = 취득원가 - 잔존가치
- 마상각잔액(장부가액) = 취득원가 - 감가상각누계액
- 감가상가누계액 = 매회계연도의 감가상각비 합계 금액

3) 감가상각의 계산방법

유형자산의 감가상각기준액을 추정내용 연수 동안 체계적으로 배분해 주는 감가상각비의 처리방법에는 정액법, 정률법, 연수합계법, 생산량비례법 등이 있는데, 정액법과 정률법이 주로 쓰인다.

(1) 정액법

정액법(fixed amount method)은 유형자산의 감가상각이 시간의 경과에 정비례하여 발생하는 것으로 가정하여 매년 동일한 금액을 감가상각비로 인식하는 방법이다. 정액법에 의한 연간 감가상각비 금액은 다음의 공식에 의해 계산된다.

$$\text{정액법} = \frac{(\text{취득원가} - \text{잔존원가})}{\text{잔존년수}}$$

실제적으로 감가상각에는 시간뿐만이 아니라 여러 가지 요인이 복합적으로 영향을 미쳐 결정되는 것이므로 연도별 감가상각비를 단순히 시간에 대한 정비례함수로 파악하는 데는 문제점이 있다.

연도 중 취득하였거나 처분하였을 경우에는 당해년도 보유기간 동안만 감가상각을 하여야 한다.

(2) 정률법

정률법(fixed-rate method)이란 미상각잔액법이라고도 하는데, 당해 감가상각자산의 취득가액에서 이미 손금 산입한 감가상각누계액을 공제한 잔액에 당해 자산의 내용년수에 따른 정률법에 의한 상각률을 곱하여 그 사업년도의 상각액을 계산한다.

내용년수의 초기에는 많이 배분되고 시간이 경과할수록 점차 적게 배분하는 방법이다.

취득원가를 c, 잔존가액을 s, 내용년수를 n이라 하였을 때, 감가상각률 r은 다음 식에 의하여 산출된다.

$$r = 1 - n\sqrt{s \div c}$$

Chapter 06

메뉴 디자인

최근 들어 외식기업의 환경이 급변하고 소비자들의 관심과 취향이 시시각각 변함에 따라 외식기업들의 마케팅전략에도 많은 변화가 있으며, 경쟁사들보다 돋보이기 위해서 더욱 효과적인 메뉴를 제작하고 있다. 오늘날 거의 포화상태에 있는 시장 상황과 질적으로 거의 구별할 수 없는 메뉴들은 외식기업으로 하여금 광고나 가격전략, 제품 배치와 같은 새롭고도 혁신적인 방법들을 통합적 마케팅 커뮤니케이션의 도구로 사용하지 않을 수 없게 만들고 있다. 즉, 기업은 수많은 경쟁 제품을 물리치고 제품이 소비자에게 선택되게 하기 위해 독창적인 광고의 차별화를 필요로 하는 것이라 할 수 있다. 그러므로 메뉴의 제작 및 시행 시, 메뉴 마케터들은 표적 소비자의 특성 파악을 통해 메뉴 카피의 구성 요소 중 메뉴 라벨(menu labels)의 제시 유형을 선택함으로써 메뉴에 대한 반응을 극대화시키고 최종 구매로 이어지도록 해야 한다. 이에 대한 사례를 살펴보고 지식과 기술을 외식현장에 적용하여 활용할 수 있도록 한다.

Chapter

06 메뉴 디자인

학습목표

1. 메뉴 디자인의 정의 및 목적, 역할을 설명할 수 있다.
2. 메뉴 디자인의 유형을 설명할 수 있다.
3. 메뉴 아이템의 기본 배열을 설명할 수 있다.
4. 메뉴 디자인의 구성이론을 설명할 수 있다.
5. 메뉴 제작 시 필요한 메뉴 디자인의 기본 요소를 설명할 수 있다.

1. 메뉴 디자인의 개요

1) 메뉴 디자인의 정의

메뉴 디자인이란 메뉴계획을 통해 선발된 아이템을 메뉴북으로 어떻게 고객에게 제시하는 것이 가장 효과적인지를 구상하여 메뉴북에 옮기는 것으로, 단순히 메뉴 아이템들을 늘어놓는 것이 아니라 고객과의 커뮤니케이션 및 마케팅 도구로 디자인하는 것이다.

잘 디자인된 메뉴란 메뉴 아이템의 배열(lay-out), 설명(copy), 활자, 메뉴의 크기, 모양, 컬러 등이 메뉴계획자가 의도한 대로 디자인되어 레스토랑의 전체적인 콘셉트와 조화를 잘 이루고 기능적으로 메뉴의 역할을 순조롭게 수행할 수 있도록 디자인된 메뉴를 말한다.

2) 메뉴 디자인의 목적

메뉴 디자인의 궁극적인 목적은 메뉴에 있는 여러 가지 아이템 중에서 고객의 시선을 특정한 아이템, 전략적인 아이템으로 유도하여 고객으로 하여금 그러한 아이템을 선택할 수 있도록 만드는 것이다.

고객은 주문할 음식과 가격을 비롯하여 레스토랑 전반에 걸친 사항을 파악할 수 있는 대화의 도구로서 메뉴북을 접하게 된다. 이때 대화의 도구인 메뉴북이 대화 거리를 찾기 어렵고(아이템의 배열과 배치), 대화의 내용(메뉴의 설명)이 복잡하여 이해하기 어렵게 디자인되었다면 고객은 대화를 포기(아이템의 선택을 포기) 또는 중단하고 가격이 가장 저렴한 아이템을 기준으로 선택하게 된다. 이렇게 선택된 아이템은 만족도가 낮을 수밖에 없고 구매의지가 저하됨으로 인하여 매출에도 많은 영향을 주게 된다. 그러므로 메뉴는 판매하고자 하는 아이템들이 고객의 주의를 끌도록 하여 판매와 이익은 물론 고객의 만족도를 증가시킬 수 있도록 디자인되어야 한다. 즉, 메뉴 품목들을 효과적으로 제시함으로써 고객들의 구매행동으로 연결될 수 있어야 한다.

3) 메뉴 디자인의 역할

고객은 메뉴를 통해 레스토랑을 방문하게 된 동기를 부여받고, 주문할 음식과 가격은 물론 레스토랑 전반에 걸친 사항들을 파악할 수 있는 대화의 도구로서 메뉴를 접하게 된다. 즉, 메뉴 디자인은 다음과 같은 역할을 한다.

- 레스토랑의 운영상태를 나타낸다.
- 레스토랑의 얼굴이며 품격을 나타낸다.
- 고객으로 하여금 식욕을 일으켜 판매를 촉진한다.
- 레스토랑의 개성과 분위기를 조성한다.
- 말없는 판매자의 역할을 갖고 있다.

4) 메뉴 디자인의 특징

외식산업에서 사용되는 메뉴 디자인은 다른 디자인들과 차별화된 특징을 가지고 있으므로 이러한 특징들을 잘 파악하고 실제 메뉴에 적용시킴으로써 보다 나은 메뉴를 디자인하여야 한다.

(1) 색에 대한 특징

좋은 디자인은 색상의 배합과 조화를 통해 더 큰 효과를 나타난다. 음식의 목록인 메뉴의 경우 일반적으로 식욕을 돋구는 색인 난색 계열의 사용으로 고객의 구매욕구를 자극시킬 수 있다.

(2) 활자에 대한 특징

메뉴 디자인은 모든 시각 디자인에서와 마찬가지로 장평, 자간, 줄간격 등에 많은 영향을 받는다. 레스토랑의 실내 환경에서도 활자가 눈에 잘 띄어야 하고 함께 실린 사진이나 일러스트레이션 등과도 조화를 이루어야 하며 아울러 레스토랑 분위기에 맞는 활자체를 이용하는 것도 중요한 요소 중 하나라고 할 수 있다.

(3) 용도에 따른 특징

메뉴 디자인은 사용 용도에 따라 그 디자인을 달리한다. 메뉴의 지속시간, 교체시기, 서비스 장소 등에 따라 각각 다르게 디자인된다.

2. 메뉴의 구성과 포맷

1) 메뉴의 구성

메뉴의 구성이란 메뉴를 디자인 하는 데 있어 사진, 도형, 문자 등을 일정한 공간에 배치 · 배열하는 것을 의미한다. 좋은 구성이란 메뉴의 심미성을 고려하면서 외식업체에서 많이 팔기를 원하는 아이템으로, 고객의 시선을 이끌도록 구성된 것이다. 일반적으로 메뉴의 구성은 메뉴상에 제공될 아이템에 대한 순서를 정하는 것에서부터 시작된다.

2) 메뉴의 포맷

메뉴포맷이란 메뉴의 일정한 모양이나 형식을 일컷는 말로 메뉴의 디자인은 메뉴의 포맷에 의해 결정된다. 메뉴의 포맷은 크기, 형태(모양), 페이지 수 그리고 패널에 따라 나

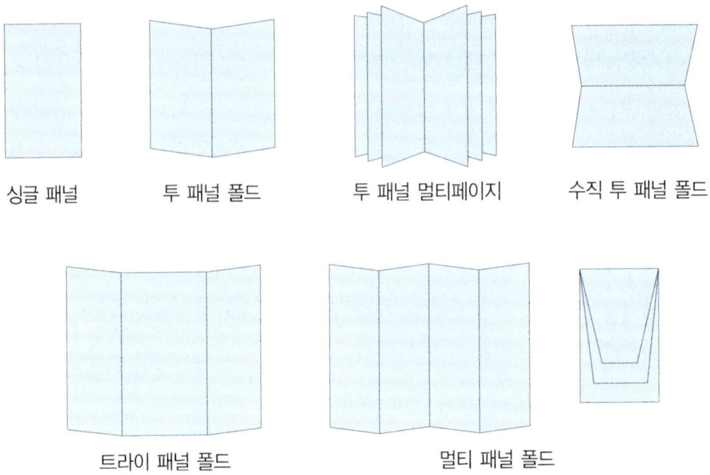

그림 6-1 메뉴 포맷

자료 : 나정기(1995), 메뉴관리의 이해, p. 120.

양하므로 특정 외식업체에 적합한 특정 포맷이 있는 것이 아니다. 적절한 포맷은 가독성을 높이고, 전체적인 균형에 영향을 미치며, 레스토랑의 전체적인 이미지를 표현할 수 있는 중요한 요소이다.

(1) 싱글 패널

한 면으로 구성된 형식으로 일반적으로 한정된 메뉴 혹은 특별히 선택된 메뉴를 제공하는 데 사용된다. 가장 일반적인 싱글 패널(single panel)형 메뉴의 크기는 6×8인치와 9×12인치라고 할 수 있으나 더 큰 크기의 싱글 패널형 메뉴도 종종 사용된다. 싱글 패널 형식을 다단으로 분류하여 사용하는 경우도 볼 수 있는데, 이러한 경우는 바(bar), 캐주얼(casual) 스타일의 레스토랑에서 볼 수 있는 메뉴 형식이다.

(2) 투 패널 폴드

우리가 가장 많이 볼 수 있는 스타일의 메뉴북이라고 할 수 있다. 이러한 양식은 전통적인 코스요리의 메뉴에서 가장 많이 찾아 볼 수 있으며 또한 가장 널리 이용되고 있기도 한다. 투 패널 폴드(two-panel fold)의 문제는 공간이다. 너무나 많은 요리 품목들이 제공될 경우 레이아웃(layout)은 복잡해지고 전체적인 조화를 기대하기 어렵다. 그러나 메뉴 품목의 선택이 제한되고 전체적인 디자인에 있어서 세심한 주의를 기울일 경우 이 양식은 아주 적절하게 제공될 수 있다.

(3) 투 패널 멀티페이지

투 패널 멀티페이지(two-panel multi-page)는 두 면이 여러 겹으로 구성된 메뉴북을 말한다. 요리 품목들의 내용이 길거나 선택의 폭이 넓을 때 사용되는 것으로서 메뉴의 충분한 공간을 확보할 수 있다. 또한 다른 메뉴북의 종류와 마찬가지로 페이지의 분량은 고객의 입장에서 판단하여 제공하여야 한다.

(4) 트라이 패널 폴드

트라이 패널 폴드(tri-panel fold)는 세 면으로 구성된 메뉴북을 말하며 기본적인 싱글 패널 메뉴북 양쪽으로 하나씩의 패널이 붙어 있는 형태이다.

(5) 수직 투 패널 폴드

수직 투 패널 폴드(horizontal two-panel fold)는 수평으로 접는 형식의 메뉴북을 말한다. 이런 형식은 실용성이 비교적 낮아 거의 이용되지 않는다.

(6) 멀티 패널 폴드

멀티 패널 폴드(multi-panel fold)는 패널이 네 개 이상으로 구성된 메뉴북으로, 특별한 경우에만 사용된다.

3) 메뉴 아이템의 구성과 배열

(1) 메뉴 아이템의 구성

- 메뉴에 배열되는 아이템의 구성 순서는 보통 전형적으로 제공되는 식사의 순서에 따른다. 즉, 전채 → 수프 → 생선→ 육류 → 후식 → 음료 등과 같이 정식 메뉴(table dhote menu)의 서빙순서를 기본으로 한다.

■ 알라 카르테(ala carte) 메뉴는 일반 레스토랑이나 패스트푸드점에서 개별품목마다 가격이 책정되어 있는 형태로 메뉴 품목 간의 특성에 따라 구분하여 배치하고 있다.

(2) 메뉴 아이템의 배열

메뉴 아이템의 배열은 일반적으로 대칭형과 비대칭형, 혼합형 등으로 되어 있다. 이 중 어느 것이 가장 이상적인 형태의 배열이라고 말 할 수는 없다. 단지 아이템의 수와 메뉴 포맷 등에 따라 적절한 배열방식을 선택하면 된다.

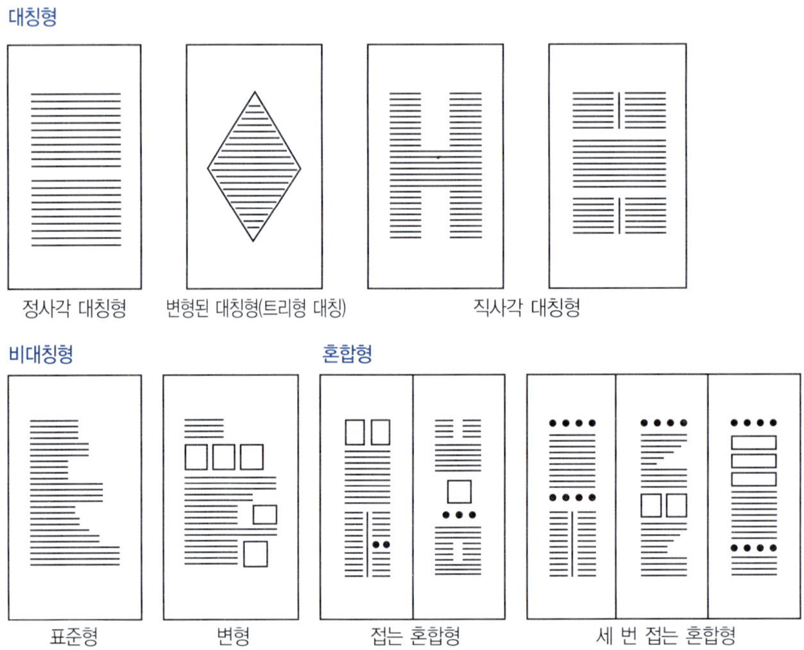

그림 6-2 메뉴의 배열

4) 메뉴 디자인의 구성이론

(1) 시선의 집중

이론적으로 모든 메뉴에는 고객의 시선이 집중되는 부분이 있다. 즉, 메뉴를 접하는 고객의 시선이 제일 먼저 집중되는 곳을 말하며 그 지점은 메뉴의 포맷, 크기, 패널 수, 페이지 수, 활자체, 도안 등에 따라 다르게 나타난다. 메뉴 형태별 집중되는 지점을 보면 다음과 같다.

① 한 페이지의 메뉴북

한 페이지 경우 메뉴북을 반으로 나눈 바로 위, 즉 중앙의 약간 상단에 집중된다.

② 두 페이지의 메뉴북

첫 장의 왼쪽 상단 모서리에서 두 번째 장 오른쪽 하단 모서리의 1/4쯤 위를 대각으로 가로질러 자른 선을 기준으로 윗부분에 집중된다. 이 중에서도 오른쪽 상단은 레스토랑에서 많이 팔기를 원하는 아이템이 위치할 수 있는 좋은 자리이다.

③ 세 개의 패널이 같은 크기인 메뉴북

수직으로 접힌 경우에는 가운데 접힌 부분의 밑에서 1/3 정도의 윗부분에 집중된다.

④ 왼쪽과 오른쪽 패널의 크기가 가운데 패널의 크기와 같은 세 개의 패널로 된 메뉴북

이 경우도 가운데 부분에 집중, 즉 최초 고객이 메뉴를 접하게 되면 먼저 중앙을 보고 중앙상단 → 우측상단 → 좌측상단 → 좌측하단 → 중앙 → 우측상단 → 우측하단 → 마지막으로 처음 위치로 돌아온다.

따라서 식당에서 가장 많이 판매되기를 원하는 수익성 높은 상품일 수록 중앙에 배치하여 고객들로 하여금 메뉴를 펼쳤을 때 최초로 눈에 띄게 하여 판매를 극대화할 수 있도록 마케팅전략을 세워야 한다는 것이다. 또한 이런 시선이동에 관한 연구에 의하면 고객이 원하는 아이템을 선택하기까지 시선이 일곱 번이나 가운데 부분을 통과한다고 한다.

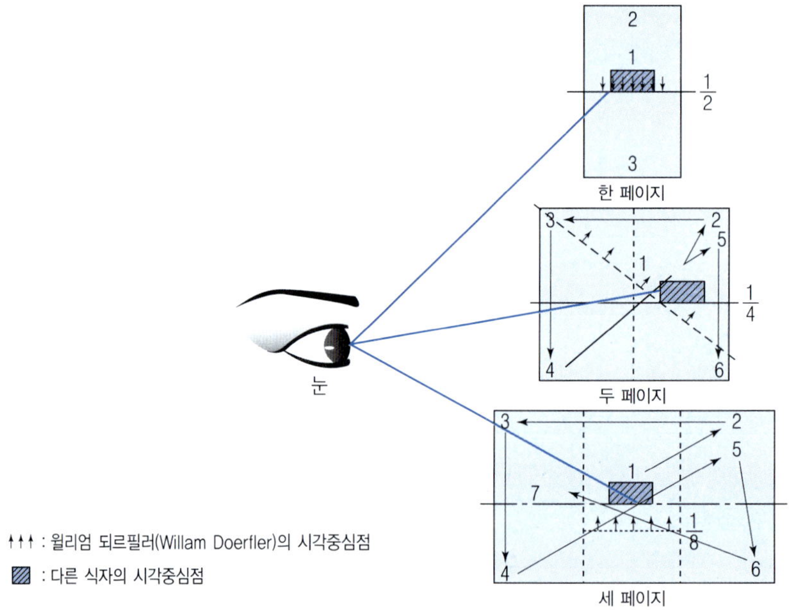

그림 6-3 시각중심점과 시선의 이동방향

(2) 메뉴 아이템의 배열

메뉴 아이템이 선택되는 빈도는 아이템의 배열 순위에 영향을 받는다. 일반적으로 메뉴상 첫 번째와 두 번째 그리고 마지막에 위치한 메뉴 아이템이 가장 많이 선택되고 판매율도 높다. 하지만 대부분의 레스토랑에서는 아이템의 배열을 가격의 오름차순 또는 내림차순으로 배열하는데, 이것은 잘못된 배열이라고 할 수 있다.

(3) 가격표시 위치

메뉴를 접한 대부분의 고객은 본인이 특별히 선호하는 아이템을 고르지 못할 경우에 가격을 기준으로 아이템을 선택한다. 그런데 각 아이템에 대한 가격이 일정한 위치에 규칙적으로 오름차순 또는 내림차순 또는 혼합 형식으로 정렬되어 있을 경우에는 가격의 차이를 쉽게 비교할 수 있기 때문에 특별히 선호하는 아이템이 없는 한 비싼 아이템보다는 싼 아이템을 선호하게 된다고 한다. 이러한 단점을 보완할 수 있는 전략이 각 아이템에 대한 설명이 끝나는 점에서 가격을 표시하는 것이다. 이 경우 아이템 간의 가격비교가 쉽지 않아 싼 아이템을 기준으로 선택하는 빈도가 줄어들고 객단가도 높아진다고 한다.

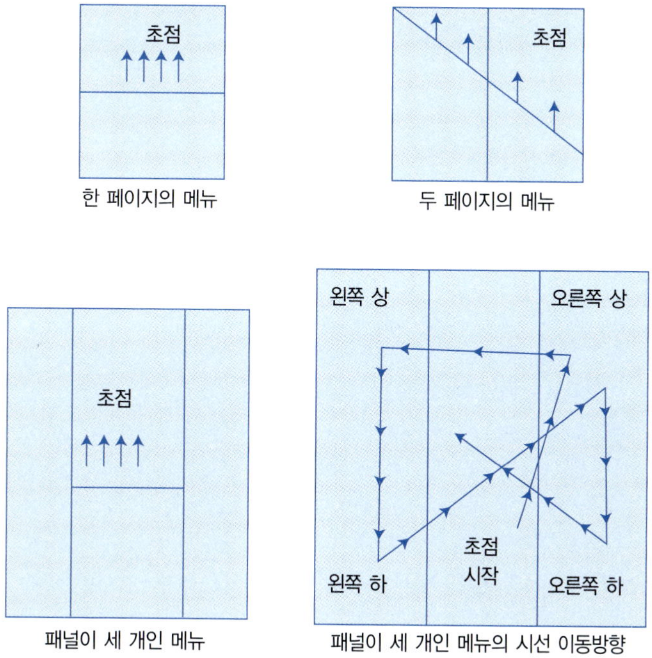

그림 6-4 페이지 수에 따른 초점과 시선의 이동방향

자료 : Jack E. Miller(1992), Mwnu Pricing Strategy, 3rd ed., VNR, p. 29.

3. 메뉴 카피

1) 메뉴 카피의 개요

메뉴 카피(menu copy)는 메뉴 아이템을 소개하는 문안으로, 고객에게 좀 더 다양한 정보를 제공하는 역할을 한다.

메뉴 카피는 일반적으로 헤딩(heading), 서술적인 카피(descriptive copy), 서플리멘탈 머천다이징 카피(supplimental merchandising copy)로 나뉜다.

(1) 헤 딩

헤딩에는 주 헤드, 서브헤드, 메뉴 아이템명이 포함된다.

- 주 헤드(major heads) : 코스를 분류(예 : 선채, 주 요리, 디저트 등)

■ 서브헤드(subheads) : 각 코스를 세분 분류(예 : 주 요리를 다시 쇠고기, 가금류, 해산물 등으로 분류)
■ 메뉴 아이템명

(2) 서술적인 카피

상품에 관한 설명은 고객에게 메뉴 아이템에 대한 정보를 제공하는 것이다.

■ 설명을 통해 고객의 오감을 자극할 수 있도록 구상한다.
■ 아이템의 주 재료, 조리방법, 품질(원산지, 등급, 신선도 등), 동반식품, 서브방법, 포션 크기 등을 설명한다.
■ 과도한 미사여구, 전문적인 조리용어 등을 피하고 간단명료하게 통일된 언어표현을 한다.
■ 차별화된 특성에 대한 설명을 덧붙임으로써 매출 증대의 효과를 꾀한다.

(3) 상품에 관한 카피

판매계획문안이라고도 한다. 레스토랑에 관한 정보(상호, 로고, 약도, 전화번호, 영업시간, 결제방법, 편의시설, 특별 이벤트 등)를 제공하는 데 사용되며 최근에는 레스토랑의 경영주나 회사의 경영 방침 등을 고객에게 알리는 이미지광고용으로도 많이 활용하고 있다.

메뉴 카피 시 주의사항

- 간단명료하며 통일된 언어로 표현한다.
- 최상급 사용을 피하며, 과장되게 표현하지 않도록 한다.
- 누구나 잘 알고 있는 아이템은 길게 설명하지 않는다.
- 정확하고 진실되게 설명한다.
- 잘 알고 있는 아이템은 긴 설명이 필요없다.
- 누구나 이해가 가능하도록 전문적인 용어 및 특정 분야의 용어를 피한다.
- 한 문장에 두 가지 외국어를 혼용하지 않도록 한다.
- 특정 고객에 부작용을 줄 수 있는 식품 첨가물과 재료는 명확히 설명한다.

4. 메뉴 디자인의 기본 요소

완성된 하나의 시각 디자인 작품은 그것의 용도에 상관없이 모두가 공통된 기본 요소들로 구성되어 있다. 대표적인 시각 디자인 작품인 메뉴는 대체적으로 내용을 나타내는 타이포그라피(typography)와 상징기로서의 심벌리즘(symbolism), 형태이미지를 표현하는 일러스트레이션(illustration)과 사진(photography) 등의 기본 요소를 레이아웃의 방법에 의하여 적절히 선택 조합하여 사용하고 있다.

1) 타이포그라피

타이포그라피(typography)란 글자의 활자 및 조판에 디자인상의 원칙을 적용하여 서체를 선정하고 글자를 이용하여 구성하는 디자인이다. 훌륭한 타이포그라피의 필수적인 조건은 기능적으로 가독성이 뛰어나고 가시성이 뚜렷해야 하며 심미적으로 아름다워야 한다. 타이포그라피에서 고려되는 내용은 다음과 같다.

- 활자체의 속성, 즉 활자의 크기
- 서체의 특징과 조화
- 메시지 내용과 그것을 표현하는 활자의 적합성
- 활자나 다른 요소들 간의 적절한 안배를 통한 가독성(可讀性)

(1) 서 체

서체는 그 나름대로의 성격을 지니고 있으므로 메뉴의 미적 · 심리적 효과를 거두기 위해서는 서체의 선택에 관심을 갖어야 한다. 서체의 선택은 레스토랑의 주제와 겨냥하는 고객에 달려 있다. 서체를 선택함에 있어서 고려되는 일반적인 사항을 살펴보면 다음과 같다.

- 글자와 글자 간의 간격을 나타내는 공간의 크기
- 색깔, 공간과의 대비
- 심미성

- 특정 아이템을 돋보이게 하는 강조 등

일반적으로 레스토랑의 메뉴판에 사용하고 있는 활자체는 다음과 같다.

- **명조체** : 가독성이 아주 높고 일반에게 친숙한 글자체로 신문, 서적, 잡지 등의 본문용으로 많이 쓰인다.
- **고딕체** : 가독성은 명조체에 비해 떨어지지만 눈에 쉽게 띄는 특징이 있어서 각종 표지판이나 신문, 서적 등의 제목용으로 많이 쓰인다.

(2) 활자의 크기

메뉴에 사용되는 활자의 크기를 정한 규칙은 없으나 활자의 크기를 결정하는 데 공통적으로 고려되는 사항은 다음과 같다.

- 레스토랑의 종류
- 메뉴 아이템의 수
- 메뉴의 크기
- 시인성(是認性)과 독속도(讀速度)
- 레스토랑의 조명
- 고객의 수준
- 미와 가독성 등

일반적으로 8~12포인트까지는 단행본이나 잡지에 많이 사용되는데, 특히 10포인트는 읽기가 쉽고 안정감을 주는 크기라고 알려져 있다.

2) 사 진

메뉴에 있어 사진은 메시지 전달에 아주 중요한 수단이 된다. 많이 팔리기를 원하는 아이템을 큰 사진으로 넣거나 시선이 집중되는 곳에 사진을 배치함으로써 고객의 시선을 이끌어 선택행동을 일으키게 한다.

그림 6-5 메뉴 사진의 예

3) 일러스트레이션

일러스트레이션은 넓게는 회화, 사진, 도표, 도형 등을 통틀어 의미하며, 좁게는 삽화와 컷 등의 손으로 그린 그림만을 뜻한다.

그림 6-6 일러스트레이션의 예 〈놀부〉, 〈신토불이〉

메뉴 디자인에서 표현되는 일러스트레이션은 사진과 함께 제품의 특성을 알리는 데 가장 직접적인 요소이며 소비자의 감성적 욕구를 충족시키는 마케팅 도구가 된다. 일러스트레이션은 표현양식에 따라 이미지가 결정되는데, 그 종류를 살펴보면 다음과 같다.

- **사실적인 표현** : 섬세하고 정교한 것을 강조하고 싶을 때 효과적이다. 메뉴의 표현에 많이 사용되고 있다.
- **회화적인 표현** : 정확한 표현보다는 문형의 형태를 강조하면서 메시지의 표현을 재미있고 아름답게 한다.
- **그래픽적 표현** : 면적을 색으로 분할한 다음 평면으로 채색하여 나타내는 것으로 장식성이 강하다.

■ 입체적인 표현 : 종이, 지점토, 천 등의 재료로 물체를 만들어 이미지에 맞게 채색하여 스튜디오에서 인쇄용 컬러필름으로 촬영한 필름을 일러스트레이션으로 사용한다. 입체적이며 아름답고 재미있는 형태를 보여 줄 수 있다.

■ 만화적인 표현 : 메시지를 만화만이 갖는 과장성 · 풍자성으로 유머 있게 표현할 수 있으며 어느 계층에서나 폭넓게 부담 없이 받아들이는 장점이 있다.

4) 사인과 심벌

사인은 의미 내용을 알기 쉽게 시각적으로 전달하는 가이드의 기능을 갖고 공간의 존재를 의미하는 역할을 하는 것이다.

심벌은 시각적으로 의사소통을 하기 위한 시각언어로서 복잡한 사물이나 관념, 사상 등을 간단하게 나타내기 위하여 이들과 관련 있는 물상으로 그 의미를 대표시키는 것 또는 그 물상을 상징화하는 것이다.

CJ

▪건강 ▪즐거움 ▪편리

그림 6-7 심벌의 예(〈CJ〉의 새로운 심벌 'Blos soming CJ')

5) 다이어그램

다이어그램은 여러 전문분야에서 통계 및 정리된 내용들을 알기 쉽게 뚜렷이 나타내기 위하여 그래픽적으로 시각화한 것으로서 주로 언어 메시지의 보조수단으로 사용되고 있다.

그림 6-8 다이어그램의 예(식품구성탑)

6) 픽토그램

픽토그램은 다수의 대중이 이용하는 공공의 시설물 또는 대상물의 성질이나 사용방법 등을 그림 기호로서 나타내는 시각적 심벌이다.

훌륭한 픽토그램은 시간, 스타일, 문화, 언어 등의 장벽을 초월해야 하며 단순명료한 디자인으로 이용자에게 쉽게 정보를 제공해 주어야 한다.

그림 6-9 픽토그램의 예

7) 색 채

거의 모든 인쇄물에는 색이 들어가며 색은 인쇄물 제작에 아주 중요한 비중을 차지한다. 색은 보는 이에게 쉽게 흥미를 끌게 하는 힘이 있으며 생리적 · 심리적 반응에 따라 여러 가지 느낌을 준다. 메뉴의 색을 지정할 때 고려해야 할 사항은 다음과 같다.

- 메뉴를 보거나 읽는 주된 고객층의 성별, 나이, 교육수준, 기호 등을 고려하여 공통적으로 좋아하는 색으로 지정한다.
- 메뉴를 보는 이에게 편안함을 줄 수 있는 색을 선택한다.
- 색의 조합은 2~3가지로 제한하는 것이 좋다.

또한 메뉴의 바탕색이나 종이의 컬러에 따라, 또는 활자의 잉크색에 따라 가독성은 좋아지기도 나빠지기도 한다. 바탕색에 따른 가독성 정도를 나타낸 것은 표 6-1과 같다.

또한 바탕색에 따라(종이의 색에 따라) 사용하는 잉크의 색깔이 돋보이는 정도를 나타낸 것은 표 6-2와 같다.

표 6-1 바탕색에 따른 가독성 정도

가독성이 아주 좋음	가독성이 보통임	가독성이 낮음
연한 크림색 바탕에 검정	밝은 황녹색 바탕에 검정	검정 바탕에 하양
연한 세피아 크림색 바탕에 검정	밝은 청녹색 바탕에 검정	노랑 바탕에 빨강
아주 밝은 담황색 바탕에 검정	황적색 바탕에 검정	빨강 바탕에 초록
꽤 진한 황색 바탕에 검정	붉은 오렌지색 바탕에 검정	초록 바탕에 빨강

표 6-2 바탕색에 따른 잉크의 돋보임 정도

돋보이는 정도가 아주 좋음	돋보이는 정도가 보통임	돋보이는 정도가 낮음
노랑 바탕에 검정	하양 바탕에 파랑	검정 바탕에 하양
하양 바탕에 초록	파랑 바탕에 노랑	노랑 바탕에 빨강
하양 바탕에 빨강	빨강 바탕에 하양	빨강 바탕에 초록
하양 바탕에 검정	초록 바탕에 하양	초록 바탕에 빨강
파랑 바탕에 하양		

5. 메뉴북의 제작 절차

1) 메뉴계획자와 메뉴북 디자인 회사와의 접촉

사전에 책정한 예산과 제작사의 능력이나 경험치, 디자인 콘셉트를 고려해 선정한다. 업체 선정 시 고려할 점을 살펴보면 다음과 같다.

- 디자인 쪽에 강한 면이 있는 업체인지 아니면 단순 제작에 치중된 작업을 주로 하는 업체인지를 알아본다.
- 외식업체의 메뉴북을 제작해 본 경험이 있는 회사인지를 확인한다.
- 메뉴북을 디자인 · 제작 · 진행할 스태프를 고루 갖춘 회사인지를 확인한다.
- 메뉴북의 제작비용에 따른 견적이 적절한지를 확인한다.

2) 메뉴계획자와 메뉴북 디자이너의 디자인 콘셉트에 대한 협의 및 스케줄 결정

메뉴북 디자인회사가 결정되면 메뉴북의 디자인 콘셉트에 대해 협의하게 된다. 이때 메뉴 계획자와 메뉴북 제작자가 협의할 사항은 다음과 같다.

- 메뉴계획자는 메뉴북 제작의 자료가 될 수 있는 업소의 콘셉트에 대해 충분히 설명해야 한다. 고객 연령층, 1일 내방객 수, 객단가, 장기적인 메뉴 콘셉트, 실내 인테리어 분위기, 주조색 그리고 결정된 메뉴의 종류와 음식의 특성, 가격, 메뉴설명까지 정리해 주고 업체의 심벌, 로고, 주소와 전화번호의 정확한 전달이 필요하다.
- 메뉴북 제작자는 외식업체의 영업 콘셉트에 대한 이해를 통해 메뉴북의 크기와 페이지 수, 재질에 대해 제안하고 메뉴북의 형태에 대한 합의를 한다.
- 제작 스케줄에 대해서도 협의를 한다. 신규점포를 개업하는 업체의 경우 보통 개업 스케줄에 맞추다 보면 제작 스케줄이 터무니 없이 짧은 경우가 많으므로 여유 있는 메뉴북 제작 스케줄을 준비해야 한다.

3) 디자인 확인과 교정

- 1차 교정에서는 메뉴계획자가 의도한 대로 디자인되었는지 확인하며 내용과 이미지, 오탈자, 컬러, 전체 레이아웃 등을 체크한다. 특히 메뉴명과 가격에 있어서는 오탈자를 더욱 주의 깊게 살펴야 하며 보통 오탈자가 많이 발생하는 문안은 메뉴설명에 대한 서술 문안이나 메뉴명의 외국어 표기에 따른 철자의 경우이므로 주의해야 한다.
- 2차 교정과정에서는 1차 교정에서 체크했던 수정사항을 확인하고 모든 교정이 마무리되면 다음 단계로 넘어간다.

4) 인쇄 교정지 확인

1, 2차 디자인 시안의 확인 시에는 보통 컬러프린터기를 이용하기 때문에 실제 인쇄물의 색상과는 차이가 날 수 있다. 그러므로 인쇄교정지로 컬러출력해 확인하는 과정이 필요하다. 교정지를 통해 이지지 및 컬러 교정을 보고 오탈자를 최종으로 확인한다.

5) 인쇄 및 가공

인쇄교정지를 확인한 후에는 발주 → 인쇄 → 제본(후공정)의 과정을 거친다. 인쇄 이후의 후공정으로는 제작 형태에 따라 코팅, 합지, 중철제본, 동판 찍기, 타공제본, 도무송, 오시 등의 후처리를 진행한다.

6. 메뉴 디자인의 새로운 변화 : 최근 메뉴북의 경향

앞서 살펴본 것처럼 최근의 메뉴북은 특별한 형태나 흐름이 없이 다양하게 존재한다고 할 수 있다. 하지만 과거와 대비되는 한 가지 뚜렷한 경향이 있다면, 이전에는 메뉴의 가격과 설명이 주가 되어 메뉴의 설명에 대한 필요성으로 메뉴북이 제작되었다면 이제는 콘셉트를 살려 매장만의 개성을 표현하며 카페의 서비스 콘셉트와 분위기를 직접적으로 드러낸다는 것이다.

최근의 메뉴는 특별한 형태나 흐름이 없이 다양하게 존재한다고 할 수 있다. 하지만 한 가지 과거와 대비되는 뚜렷한 경향이 있다면, 이전에는 메뉴 아이템의 가격과 설명이 주가 되는 정보 전달의 기능을 가지고 있었다면 이제는 레스토랑의 개성을 표현하며, 콘셉트와 분위기를 함께 전달하는 기능을 가지고 있다. 그러나 다양화된 메뉴를 개발하고 만드는 일에 있어서 무분별함은 오히려 메뉴의 기능을 약화시키고 식당의 이미지를 나쁘게 할 수 있다. 따라서 메뉴 디자인은 명백히 메뉴의 필요성에 맞게 작성 또는 구성되어야 한다.

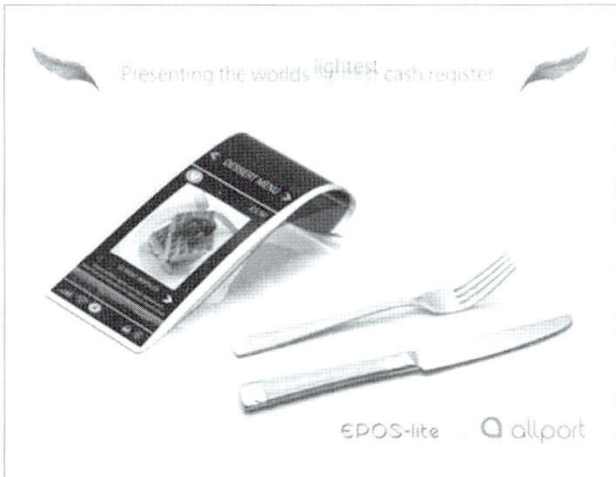

디지털(digital)

북(book)

LED

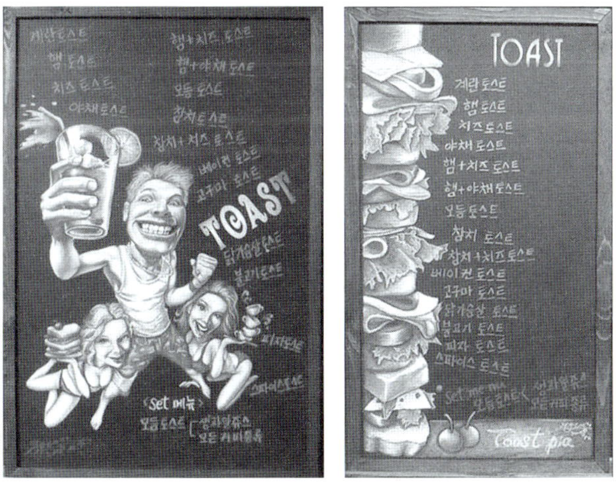

초크아트

부채형

그림 6-10 독특한 메뉴 디자인

Chapter 07

메뉴분석과 평가

외식업에서 메뉴는 고객만족을 충족시켜 줌과 동시에 기업의 이윤증대를 위한 역할을 해야 한다. 따라서 메뉴에 대한 평가 및 분석은 수익적 측면과 고객 욕구충족의 상호 측면 모두에서 분석 · 검토되어야 한다. 이 장에서는 메뉴분석의 정의와 목적, 방법 및 특징을 파악하여 메뉴분석에 대한 지식과 기술을 외식경영에 활용할 수 있도록 한다.

Chapter 07

메뉴분석과 평가

학습목표

1. 메뉴분석을 정의할 수 있다.
2. 메뉴분석의 목적을 설명할 수 있다.
3. 메뉴분석방법의 종류와 특징을 설명할 수 있다.
4. 메뉴분석방법 절차를 설명할 수 있다.
5. 메뉴평가방법을 제시하고 설명할 수 있다.

1. 메뉴분석의 개념

1) 메뉴분석의 정의

고객의 욕구는 끊임없이 변화하여 다양해지고 있으며 경쟁업체는 점점 늘어가고 있다. 이러한 환경 속에서 변화하는 고객의 욕구에 적극적으로 반응하고 대처하는 것은 레스토랑의 경쟁력 우위의 가장 중요한 요인이 된다. 고객은 저렴한 가격으로 질 좋은 상품과 훌륭한 서비스를 원하는 시간과 장소에서 제공받기를 원할 것이고, 기업은 최소의 비용으로 최대의 이윤을 추구하는 것이 궁극적인 목표가 된다. 따라서 레스토랑에서 메뉴는 고객만족을 충족시켜 줌과 동시에, 기업의 이윤증대를 가져오는 역할을 해야 한다. 즉, 메뉴는 수익적 측면과 고객 욕구충족 측면에서 분석 · 검토되어야 한다.

메뉴분석은 현재 메뉴의 효율성을 평가하는 것으로써 메뉴의 가격 및 그 내용과 디자인을 결정하는 도구이다. 또한 나아갈 식음료사업의 방향을 결정하기 위한 전략적 단계로 정보를 획득하고 메뉴의 구성, 모양, 수익성과 선호도 등의 측면에서 적정성을 평가하고 판단하는 것과 관련된 활동이다. 즉, 메뉴분석 및 평가는 영업활성화를 통한 매출증대와 수익창출 및 고개만족이라는 외식사업의 궁극적 목표를 달성하기 위한 하나의 과정이라고 할 수 있다.

2) 메뉴분석의 목적

메뉴분석의 목적은 각 메뉴의 적당한 가격은 무엇인가, 주어진 메뉴의 식자재 원가는 얼마인가, 메뉴가 어떤 가격수준과 품목일 때 이익을 최대로 할 수 있는가, 현재의 메뉴 중에서 유지 · 조정 · 제거해야 하는 것은 무엇인가, 성공적인 메뉴 개발은 어떻게 평가하는가 등의 질문에 대한 답을 얻음으로써 메뉴를 통해 고객만족과 더 많은 이익을 낼 수 있게 하는 것이다. 또한 동종업체 간이나 같은 종류의 아이템 간의 비교 · 분석을 통해 메뉴의 원가구조를 파악하고, 수익성과 선호도조사를 통해 이를 메뉴정책에 반영하며 판매촉진전략을 통한 매출증대나 메뉴개발 등의 경영활성화를 위한 판매전략을 종합적으로 수행하는 데 그 목적이 있다.

2. 메뉴분석의 방법

메뉴분석기법을 비교 · 정리하고 각 분석기법들이 내포하고 있는 문제점을 파악하여 식음료 경영에 활용한다면 새로운 고객의 창출과 기업의 목적인 이윤추구에 도움이 될 것이다.

1) 밀러의 원가/매출량 분석방법

(1) 개념 및 특징

- 식재료의 비율과 매출량의 상관관계를 계산하는 방법이다.
- 판매량은 높고 원가는 낮은 품목이 가장 최상의 품목(winners)이고, 판매량은 낮고 원가는 높은 품목이 최하의 품목(losers)이 된다는 접근방식이다.
- 또한, 판매량과 원가가 모두 높거나 판매량과 원가가 모두 낮은 품목으로 구성된다(marginals).

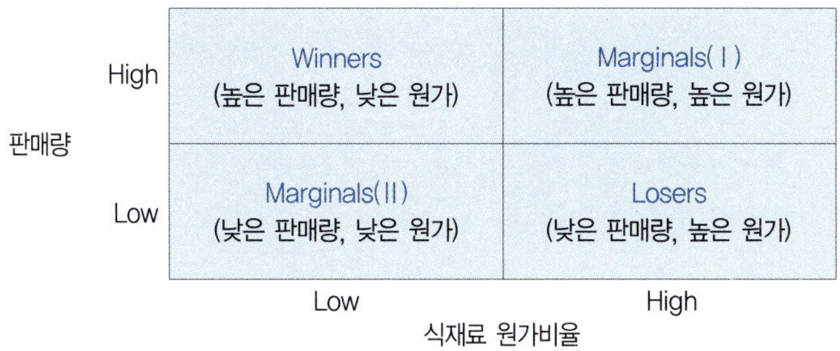

그림 7-1 밀러의 원가와 매출량

(2) 단 점

- 가장 낮은 식재료비의 음식과 가장 높은 매출량의 메뉴들을 제시할 수 있으나, 매출액이나 공헌이익을 나타내지 못하는 한계점이 있다.
- 원가율이 낮은 품목은 역시 판매가격도 낮고 이윤이 낮아 수익성이 없는 품목이 되는데, 수익성이 있는 품목으로 만들기 위해서 판매가격을 높이면 고객의 감소를 초래할 수 있다고 지적했다(David Pavesic, 1983).

2) 카사바나와 스미스의 수익성(공헌이익)/선호도(판매량)분석방법

(1) 개념 및 특징

- 메뉴 엔지니어링이라는 체계화된 메뉴분석 프로그램으로, 현재 또는 미래 메뉴를 평가하는 데 활용할 수 있도록 단계적으로 체계화시킨 평가의 절차이다.
- 매출량과 총 수익의 상관관계를 파악하는 방법으로 메뉴상에 제공된 각 아이템의 공헌이익(contribution margin), 판매량(수요) 그리고 전체 판매량에서 각 아이템이 차지하는 비(menu mix)를 기준으로 수익성과 선호도를 분석하는 방법이다.
- 높은 공헌이익과 판매량이 많은 것이 최고의 품목(stars)이고, 수익성도 낮고 선호도도 낮은 아이템이 최하의 품목(dogs)이라고 구분하는 접근방법이다.
- 실무에서는 메뉴 엔지니어링분석 결과에 전적으로 의존하기보다는 FGI(Focus Group Interview)와 ABC분석 내용을 함께 고려하여 의사결정자료로 사용하는 것이 좋다.

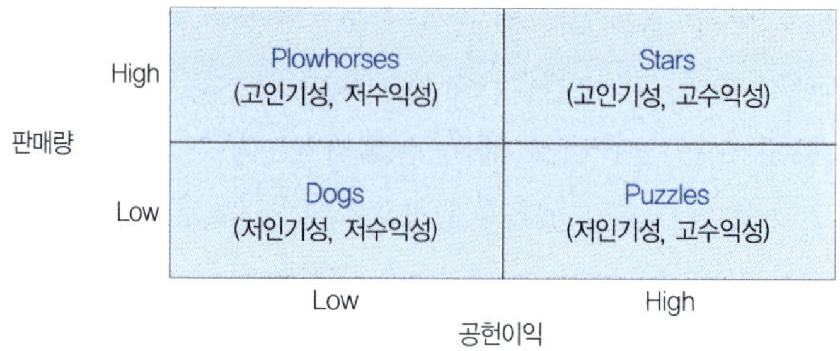

그림 7-2 카사바나와 스미스의 매출량과 수익 중심 메뉴분석

(2) 분석방법 및 절차

- 1단계 : 메뉴상에 있는 메뉴명을 A, B, C, D와 같이 나열한다.
- 2단계 : 일정기간 동안에 판매된 수량을 기록한다.
- 3단계 : 판매된 메뉴를 전체 메뉴 수와 비교하여 백분율로 표기한다.

$$\left(\frac{\text{총 판매수량}}{\text{각 메뉴판매수량}} \times 100\%\right)$$

표 7-1 카사바나와 스미스의 메뉴 엔지니어링 워크시트

(단위 : ×1,000원)

Ⅰ. 품 목	Ⅱ. 판매된 수량	Ⅲ. 판매비율(%)	Ⅳ. MM(%)과의 비교	Ⅴ. 인기도	Ⅵ. 식재료비	Ⅶ. 판매가격
A(비빔밥)	450	45%(450/1,000)	45%>17.5%	High	2.0	4.0
B(갈비구이)	300	30%(300/1,000)	30%>17.5%	High	2.5	6.0
C(곰탕)	150	15%(150/1,000)	15%<17.5%	Low	3.0	9.0
D(홍어찜)	100	10%(100/1,000)	10%<17.5%	Low	2.0	5.0
총 판매 품목	1,000	100%				

Ⅷ. 공헌이익	Ⅸ. 단위 메뉴당 총 판매수익	Ⅹ. 단위 메뉴의 총 판매수익에 대한 비율(%)	Ⅺ. 단위 메뉴당 공헌이익 비교	Ⅻ. 결 과
2.0	900	29%(900/3,150)	2.0<3.15	Low
3.5	1,050	33%(1,050/3,150)	3.5>3.15	High
6.0	900	29%(900/3,150)	6.0>3.15	High
3.0	300	9%(300/3,150)	3.0<3.15	Low
	공헌이익 3,150	총 판매수익 100%		

표 7-2 네 개의 품목에 대한 메뉴엔지니어링 결과분석

메뉴명	인기도	수익기여율	결 과	향후 방향
A(비빔밥)	High	Low	Plowhorse	Reprice ⇒ 판매가격 수정
B(갈비구이)	High	High	Star	Retain ⇒ 현 상태 유지
C(곰탕)	Low	High	Puzzle	Replate ⇒ 판매가격 및 메뉴 수정
D(홍어찜)	Low	Low	Dog	Remove ⇒ 메뉴에서 제거

- 4단계 : 임의로 설정된 비율(70%)을 이용하여 평균값을 앞의 백분율과 비교한다. 평균값의 계산방법은 메뉴의 수에 따라 다르지만, 모든 메뉴가 동등하게 팔릴 수 있다는 가정을 하고, 동등확률의 판매가능 기회의 수(1/전체 메뉴 수)와 임의로 설정된 백분율(70%)을 곱하여 계산한다. 여기서는 메뉴 수가 네 종류이고 임의로 설정된 백분율을 70%로 본다면(1/4×0.70 = 0.175, 즉 17.5%) 평균값은 17.5%가 된다.
- 5단계 : 항목에 평균값보다 크면 High, 작으면 Low로 표시한다.
- 6단계 : 표준원가(식재료비)를 기록한다.
- 7단계 : 각 품목의 판매가격을 기록한다.
- 8단계 : 공헌이익(판매가 - 식재료원가)을 계산하여 표기한다.
- 9단계 : 전체 메뉴에 대한 메뉴별 공헌이익(메뉴별 총 판매수익)을 계산하여 표기한다.
- 10단계 : 각 메뉴의 판매수익이 총 판매수익에서 차지하는 비율을 계산한다.
- 11단계 : 단위 메뉴당 공헌이익을 기준으로 평균공헌이익(평균판매수익)의 기여도보다 높은 수치는 High, 낮은 수치는 Low로 표기한다. 평균공헌이익은 전체 공헌이익(3,150)을 팔린 전체 품목의 수(1,000)로 나누어서 얻는다(3,150÷1,000=3.15).
- 12단계 : 각 메뉴를 기준에 따라 평가한다.

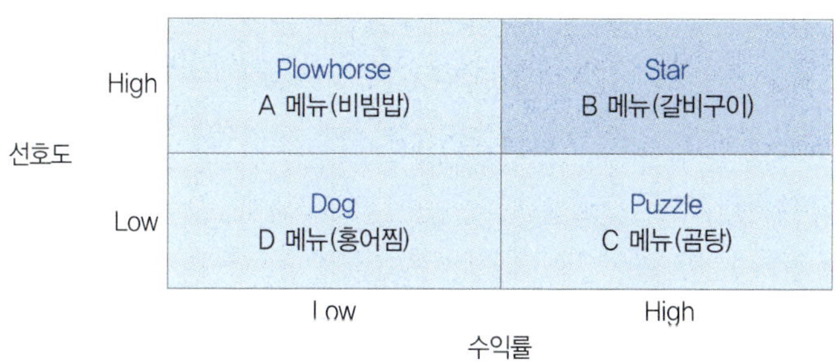

그림 7-3 메뉴 엔지니어링 분석결과

표 7-3 카사나바와 스미스 방식의 장 · 단점(John Dearden)

장 점	단 점
• 사용자 측면에서 분석 프로그램을 쉽게 사용할 수 있도록 개발되었다.	• 선호도의 기준을 정하기 위해 '1/N × 0.70 × 100'이라는 공식을 사용하였는데, 이 기준에 대한 객관적인 근거를 제시하지 못했다. • 선호도와 수익성이 단순산술평균에 의해서 산출된다. • 식자재의 원가를 제외한 다른 비용이 고려되지 않았다. • 분석 대상이 되는 아이템의 수가 많을 때만이 의미 있는 분석이 이루어진다. • 아이템의 판매가결정전략이 분석에 고려되지 않았다. • 판매촉진 및 업셀링 등과 같은 외적인 변수가 고려되지 않았다.

(3) 장 · 단점

이 분석기법의 장점은 사용자 측면에서 분석 프로그램을 쉽게 사용할 수 있도록 개발되었다는 것이다. 하지만 일정수준 이하의 판매량에서 어떤 품목은 전체 비용을 커버하지 못하는 상태에서도 공헌이익을 긍정적으로 창출한다는 것이 큰 결점이다.

(4) 메뉴 아이템군

① Stars

선호도도 높고 수익성도 높은 아이템군으로 다음과 같은 조치가 요구된다.

- 현재의 수준을 엄격히 유지한다.
- 가격의 변화에 고객이 민감한 반응을 보이지 않기 때문에 가격인상을 시도해 볼 수도 있다.
- 메뉴상 최상의 위치에 배열한다.
- 일단 'Star' 군에 포함되어 있는 아이템은 메뉴상의 위치에 관계없이 대부분의 고객이 그 아이템을 선호하기 때문에 메뉴상 최상의 위치에는 전략적인 아이템이 배열되어야 한다.
- 가격인상과 같은 조치는 심각히 고려되는 사항으로 가격인상으로 수익성을 높이려는 발상은 자제되어야 한다.

② Plowhorses

선호도는 높으나 수익성이 낮은 아이템 군으로 주로 중간대 이하의 가격군을 형성하며 가격의 변화에 민감한 반응을 보이는 아이템들이다. 수익성만 높이면 'Stars'가 될 수 있는 아이템이기 때문에 조치 또한 수익성을 높이는 방향으로 이루어진다.

- 매가 인상을 시도한다.
- 선호도가 높기 때문에 메뉴상 아이템의 배열을 제고한다. 즉, 고객의 시선이 덜 집중되는 곳에 위치시킨다.
- 식자재 원가가 높은 아이템과 낮은 아이템과의 조화를 통하여 전체적인 원가를 줄여 가격은 그대로 유지하면서 공헌이익을 높일 수 있는 방안을 강구한다.
- 포션(portion)을 약간 줄인다.

③ Puzzles

수익성은 높지만 선호도가 낮은 아이템으로 선호도만 높이면 'Stars' 군에 속하는 아이템들로 조치사항은 다음과 같이 선호도를 높이는 방향으로 강구되고 있다.

- 메뉴상 최상의 위치에 배열한다.
- 아이템의 이름을 바꾸어 선호도를 높인다.
- 가격인하를 통하여 선호도를 높인다.
- 판매촉진을 통하여 선호도를 높인다.
- 이 그룹군에 속하는 아이템의 수를 최소화한다.
- 생산하는 데 특별한 기능이 요구되거나, 많은 노동력을 요구하는 아이템은 메뉴에서 삭제한다.

④ Dogs

수익성과 선호도가 없는 아이템이다. 선호도와 수익성을 동시에 높일 수 있는 방안이 강구되어야 하는데, 다음과 같은 조치가 일반적이다.

- 메뉴에서 삭제한다.
- 가격을 인상하여 'Puzzles' 군의 아이템으로 만든다.

메뉴 엔지니어링

메뉴 엔지니어링은 현재 또는 미래 메뉴를 평가하는 데 활용될 수 있도록 단계적으로 체계화시킨 평가절차로, 메뉴의 가격결정을 위한 기본적인 근거자료로 널리 활용되고 있다. 그러나 실무에서는 메뉴 엔지니어링 분석결과에 전적으로 의존하기보다는 FGI(Focus Group Interview)와 ABC분석 내용을 함께 고려하여 의사결정자료로 사용하는 것이 좋다.

3) 헤이즈와 허프만의 순이익 중심 분석방법

(1) 개념 및 특징

- 카사바나와 스미스의 선호도와 수익성 분석에 대한 모순점을 지적하고 이러한 모순점을 해결하기 위한 방법의 하나로 원가율, 공헌이익 그리고 선호도를 이용하여 아이템에 대한 수익성과 선호도를 분석한다.
- 순수익을 기준으로 아이템에 대한 수익성을 평가했기 때문에 식자재원가뿐만 아니라 고정비용(원가)과 변동비용(원가)을 고려하여 각 아이템에 대하여 손익계산서를 만들어 순수익이 높은 순위대로 서열을 정한 후 목표이익과 비교하는 방법이다.
- 평균으로 나타난 식재료원가율, 인기도, 공헌이익에 의존하지 않고 각 아이템의 개별 공헌도에 바탕을 둔 기법이다.
- 각 아이템에서 발생하는 고정비용과 변동비용이 새로운 변수로 분석에 포함한 것인데, 문제는 아이템별 고정비용과 변동비용을 어떠한 방법으로 계산하며 메뉴상의 각 아이템에 어떻게 분배하느냐 하는 계산과 배분의 문제는 언급하지 않았다는 것이다.

(2) 분석방법 및 절차

- 1단계 : 품목, 판매수량, 품목원가, 전체 품목의 원가, 품목가격, 품목판매액, 원가율, 품목 공헌이익(contribution margin), 전체 공헌이익을 표기한다.
- 2단계 : 손익계산서를 작성한다.

표 7-4 가상 레스토랑의 다섯 개 품목에 대한 분석

(단위 : ×1,000원)

I. 품 목	II. 판매 수량	III. 품목 원가	IV. 전체 품목의 원가[1]	V. 품목 가격	VI. 품목 판매액[2]	VII. 원가율 (%)[3]	VIII. 품목 CM[4]	IX. 전체 품목 CM[5]
A	25	1.75	43.75	7.00	175.00	25	5.25	131.25
B	20	4.70	94.00	12.00	240.00	39	7.30	146.00
C	15	3.15	47.25	8.50	127.50	37	5.35	80.25
D	5	3.00	15.00	9.00	45.00	33	6.00	30.00
E	35	1.30	45.50	5.50	192.50	24	4.20	147.00
계	100		245.50		780.00			534.50
평 균				8.40		31.6	5.62	

주 : 1) 전체 품목의 원가 = 판매수량 × 품목원가
2) 품목판매액 = 판매수량 × 품목가격
3) 원가율 = 전체 품목의 원가/품목가격
4) 품목 CM = 품목가격 − 품목원가
5) 전체 품목 CM = 판매수량 × 품목 CM

표 7-5 가상 아이템의 손익계산서 작성

품 목	매 출	음식가격	고정비	변동비	총 가격	이익(%)
A	166.80	41.76(25%)	40.00(24%)	58.38(35%)	140.14(84%)	26.66(16%)
B	239.00	95.60(40%)	40.00(17%)	83.65(35%)	219.25(92%)	19.75(8%)
C	136.00	50.72(37%)	40.00(29%)	47.60(35%)	138.32(101%)	−2.32(−1%)
D	62.65	21.07(34%)	40.00(64%)	21.93(35%)	83.00(133%)	−20.35(−33%)
E	192.50	44.08(23%)	40.00(21%)	67.38(35%)	152.18(79%)	40.32(21%)

주 : 고정비는 1일 40만 원, 변동비는 총 매출액의 35%로 가정하였음

표 7-6 가상의 다섯 개 품목에 대한 순이익

(단위 : ×1,000원)

순 위	품 목	순이익
1	E	+ 40.32
2	A	+ 26.66
3	B	+ 19.75
4	C	− 2.32
5	D	− 20.35
계	+ 64.06	

- 3단계 : 위의 방법으로 각 아이템에 대한 순수익을 계산하여 수익이 높은 순서로 정리한다.
- 4단계 : 표 7-6에서 계산된 64.06은 다섯 개의 아이템에서 얻은 순수익으로, 수익률은 8.2%(총 순수익/총 매출액, 즉 64.06/780.00×100 = 8.2)로 계산된다.
- 5단계 : 8.2%의 수치를 근거로 메뉴상의 각 품목에 대한 분석이 이루어지는데, 각 품목이 기여하는 순수익이 총 매출액의 8.2%를 유지하는 지를 판단하는 지표가 된다. 이것을 목표가치분석(goal value analysis)이라고 한다.

목표가치분석
{(1 − 식료원가백분율) × 평균판매수량[평균판매가 × (1 − 변동비백분율 + 식료원가백분율)]}

연구 1

위의 목표가치분석 공식을 적용시켜 계산한다.
평균식료원가비율 31.6%, 평균판매수량 20(총 판매수량/품목 수 = 100/5), 평균판매가 약 7.8(총 매출액/판매량 = 780.00/100), 변동비백분율 35%를 대입해 계산한다.

$$\{(1-0.316)\times 20[7.8\times(1-0.35+0.316)]\}=35.64$$

어느 아이템이든지 목표가치가 35.64와 같거나 높으면 총 매출액의 8.2%에 해당하는 순수익률을 달성할 수 있다는 것이다.

4) 파베직의 원가율/수익 중심 분석방법

(1) 개념 및 특징

- 총 수익과 식재료 비용의 상관관계를 고려하여 메뉴를 분석하는 방법이다.
- 식재료원가율, 선호도로 측정된 공헌이익을 혼합한 분석방법으로 분석을 위해서는 먼저 메뉴상의 모든 아이템의 원가(food cost), 판매가(selling price), 판매량(num ber sold)을 알아야 한다.
- 식재료 원가율이 낮으면서 판매량이 높게 평가된, 즉 가중공헌이익이 높은 품목이 최고의 품목이라고 주장하는 분석기법으로 원가공헌이익분석법(cost margin analy sis)이라고 한다.

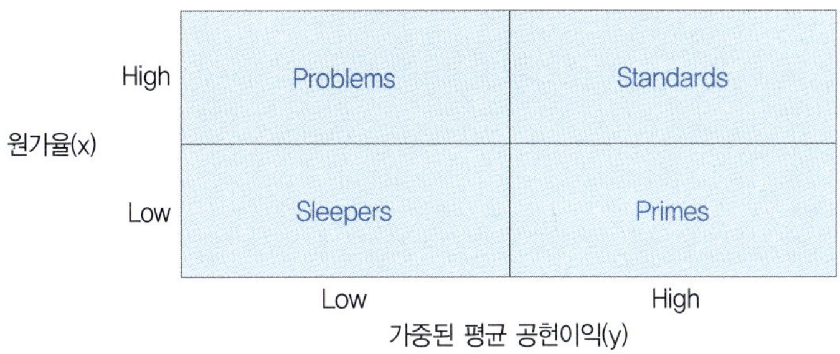

그림 7-4 파베직의 원가율과 수익 중심의 메뉴분석

(2) 분석방법 및 절차

- 1단계 : 품목에 대한 선호도를 측정하는 기준이 되는 품목의 수량을 정한다.

> 선호도측정 기준 = (1/메뉴 품목 수) × 0.7 × 판매된 전체 품목 수

- $\frac{80}{1} \times 0.7 \times 20{,}000 = 175$(각 메뉴 품목의 판매량의 인기도를 측정하는 기준)
- 수치 175 이상은 판매량이 높아 인기 있는 품목으로, 175 미만의 품목은 판매량이 적고 인기 없는 품목으로 간주한다.

표 7-7 파베직의 원가율과 수익 중심의 메뉴분석

구 분	정 도
전체 메뉴 품목수량(total Items)	80개
일정 기간의 총 판매수량(total number sold)	2만 개
판매된 메뉴원가(total food cost)	3,000만 원
전체 공헌이익(total weighted contribution margin)	5,000만 원
식료원가(total food cost)+공헌이익(total contribution margin)	8,000만 원

■ 2단계 : 메뉴 품목들의 원가율과 공헌이익을 측정하여 높고 낮음을 판정하는 기준치는 잠재식재료원가 PFC(Potential Food Cost)라고 한다.

$$\text{원가측정 기준} = \frac{\text{메뉴매출 총액}}{\text{메뉴원가 총액}}$$

- $\text{PFC} = \frac{30{,}000{,}000}{80{,}000{,}000}$ 원

  $= 37.5\%$

- 품목별 식료원가율이 37.5% 이상인 품목은 높은 원가 품목으로, 37.5% 미만인 품목은 낮은 원가 품목으로 구분한다.

■ 3단계 : 가중공헌이익 AWCM(Average Weighted Contribution Margin)에 대해 분석한다.

$$\text{AWCM} = \frac{\text{총 메뉴 품목 수}}{\text{전체 공헌마진}}$$

- $\text{AWCM} = \frac{50{,}000{,}000}{80}$

  $= 625{,}000$원

- 품목별 총 매출액에 대한 공헌이익 총액이 62만 5,000원 이상인 품목은 해당 업체의 총 이익에 대하여 공헌이익이 높은 것으로, 62만 5,000원 미만인 품목은 공헌이

익이 낮은 것으로 평가된다.

(3) 장 · 단점

- 메뉴상의 모든 아이템에 대한 원가, 선호도, 공헌이익의 관계를 종합적으로 분석할 수 있다.
- 분석의 결과를 좌표상으로 나타낼 수도 있으며 일목요연하게 검토할 수 있다.
- 가중된 공헌이익을 적용하였으나 평균 개념을 도입하여 선호도와 수익성, 그리고 원가율을 계산하였다는 단점을 지적받았다.

(4) 아이템군

분석 결과, X축과 Y축에 근접하여 있는 아이템들 즉 원가와 공헌이익의 기준이 되는 선에 근접하여 있는 아이템은 Y축을 중심으로 좌우로, 또는 X축을 중심으로 상하로 이동할 수 있는 가능성이 큰 아이템들이기 때문에 원인을 파악하여 적절한 조치가 강구되어야 한다.

- primes : 이 부분에 나타나는 아이템은 원가율이 낮고 가중된 공헌마진이 높은 아이템들로, 성공하는 레스토랑은 메뉴분석에서 이 부분에 나타나는 아이템이 많아야 한다.
- standards : 식료원가율과 가중된 공헌이익이 모두 높은 아이템들이다.
- sleepers : 식료원가율과 가중된 공헌이익이 모두 낮은 아이템들이다.
- problems : 식료원가율은 높고 가중된 공헌이익은 낮은 아이템들이다.

각 품목의 위치를 가능한 프라임 부분에 접근되도록 판매량을 늘려 인기도를 높이고, 공헌이익을 늘려 수익성을 높이며, 원가를 절감하여 품목의 원가를 하향 조정하도록 시도하여야 한다.

5) 바이유와 베네프기법

(1) 개념 및 특징

지금까지의 메뉴분석방법의 단점을 해결하는 하나의 방법으로, 앞서 언급한 방법들의 단점을 다음과 같이 지적했다.

- 파베직기법을 제외하고는 메뉴를 그룹으로 나누지 않았다. 각 그룹 간의 수익성에는 서로 상관관계가 있으며 이해할 만한 분석을 위해서는 모든 그룹을 고려해야 한다는 것이다.
- 서비스를 시간대별과 형태별로 나누지 않았다.
- 수익성분석에서 단기적인 면과 장기적인 면을 구별하지 않았다.

(2) 분석방법 및 절차

- 1단계 : 각 영업장의 손익계산서를 만들어 먼저 식사와 시간대의 매출액과 변동비용을 표시한다. 그리고 판매액에서 변동비용을 감하여 서비스시간별 공헌이익을 계산한다.
- 2단계 : 서비스시간대별 공헌이익을 합하여 전체 공헌이익을 계산한다.
- 3단계 : 공헌이익에서 고정비용을 감하여 부분이윤을 계산한다. 여기서는 부분이윤으로 측정된 서비스시간대별 수익성이 측정되어 장기적인 의사결정에 반영된다(고정비용으로는 급료, 광고료, 유지비, 감가상각비, 운영비, 보험료, 대여료 등이 있음).

<table>
<tr><td rowspan="3">I. 전체 공헌이익(시간대별 공헌이익의 합)
공헌이익 = 매출액 − 변동비용(× %)</td><td colspan="4">II. 서비스 시간대별 공헌이익</td></tr>
<tr><td>아침</td><td>점심</td><td>저녁</td><td>기타</td></tr>
<tr><td></td><td></td><td></td><td></td></tr>
<tr><td>III. 1단계 수익 측정 : 공헌이익 − 직접고정비용
IV. 2단계 수익 측정 : 부분이윤 − 간접고정비용
V. 3단계 수익 측정 : 영업수익</td><td colspan="4">(단기 의사결정 정보)
(장기 의사결정 정보)
(레스토랑 수익성)</td></tr>
</table>

그림 7-5 바이유와 베네프기법의 메뉴분석

- 4단계 : 부분이윤에서 고정비용을 감하여 영업수익을 계산한다. 이것은 한 영업장의 수익성에 대한 분석이 된다.

(3) 장 · 단점

- 분석에서 모든 그룹을 고려할 수 있고, 서비스를 시간대별로 구별 평가하여 수익성 분석을 단기적 · 장기적인 측면에서 분석할 수 있어서 전체영업장, 단일영업장, 그룹별과 품목별로 메뉴분석이 가능하다.
- 이러한 방법은 레스토랑의 레시피의 표준화, 작업의 분업화, 업무의 전산화와 세분화, 회계의 표준화 등이 완전하게 실행되어야만 적용이 가능하다. 즉, 이 분석을 위한 정확한 정보를 경제적으로는 얻기가 거의 불가능하고 비용과 효율적 측면에서 비용이 더 클 수도 있기 때문에 비경제적이라고 말할 수 있다.

6) 허스트의 분석방법

(1) 개념 및 특징

- 가격의 변화 · 원가 · 인기도 · 이익공헌도 등 판매에 미치는 영향을 측정하며 메뉴가 추가 또는 삭제되었는지, 가격이 조정되었는지 등의 메뉴의 변화를 확인하기 위해 고안된 방법이다.
- 효과를 증대시키기 위해서는 평가기간이 다른 여러 가지의 메뉴스코어를 상호비교해야 하는데, 메뉴스코어가 높을 수록 높은 수익성을 의미하며 스코어의 하향, 등락이 심하면 조절이 필요한 것으로 판단한다.
- 지속적으로 스코어가 낮아지면 아이템의 교환이나 이익이 높은 다른 품목에 주력한다.
- 객단가가 낮음에도 불구하고 메뉴스코어가 낮으면 높은 원가율에 기인하므로 원가율의 개선 또는 다른 메뉴로의 교체를 검토해야 한다.

(2) 분석방법 및 절차

- 1단계 : 판매되는 품목을 기입한다.
- 2단계 : 평가기간 동안 각 품목의 판매수량을 기입한다.
- 3단계 : 각 품목의 판매가격을 기입한다.
- 4단계 : 각 품목의 식재료원가를 기입한다.
- 5단계 : 판매가격에 따른 품목별 식재료원가율을 기입한다(식재료원가/판매가격).
- 6단계 : 각 품목의 총 매출액을 계산한다(판매수량×판매가격).
- 7단계 : 각 품목의 총 원가를 계산한다(판매수량×식재료원가).
- 8단계 : 선별된 품목의 평균객단가를 계산한다(총 매출액/메뉴 총 판매수량).

ⓘ $\frac{780.00}{100} = 7.80$　　ⓘⓘ $\frac{902.50}{100} = 9.025$

- 9단계 : 선별 품목들의 총 수익을 계산한다(총 매출액 − 총 식재료원가).

ⓘ $780.00 - 13.90 = 766.10$　　ⓘⓘ $902.50 - 13.90 = 888.60$

- 10단계 : 메뉴 품목의 매출액 대비 총 수익률을 계산한다(총 수익/총 매출액).

ⓘ $\frac{766.10}{780.00} = 98.2\%$　　ⓘⓘ $\frac{888.60}{902.50} = 98.5\%$

- 11단계 : 메뉴 품목의 평균수익을 계산한다(평균객단가×총 수익률).

ⓘ $7.80 \times 98.2\% = 7.66$　　ⓘⓘ $9.025 \times 98.5\% = 8.89$

- 12단계 : 전체 품목 판매 수에 대한 메뉴 품목의 판매율을 계산한다.

$$\text{메뉴품목 판매율} = \frac{\text{선별 품목의 총 판매 수}}{\text{전체 품목 판매 수}} = \frac{100}{150} = 66.7\%$$

■ 13단계 : 메뉴스코어를 산출한다(품목 평균수익×선별 품목판매율).

ⓘ 7.66 × 66.7% = 5.11 ⓘⓘ 8.89 × 66.7% = 5.93

■ 14단계 : 메뉴분석 결과

- ⓘⓘ메뉴스코어는 5.93%로 ⓘ의 메뉴스코어보다 11.6% 증가했음을 알 수 있다.
- 즉, 이 업체가 A, B, C, D 메뉴의 판매가격을 올린 것은 올바른 결정이라고 판단할 수 있다.

표 7-9 가상 레스토랑의 메뉴분석 ⓘ (단위 : ×1,000원)

I	II	III	IV	V	VI	VII
품 목	판매수량	판매 가격	식재료 원가	원가율(%)	총 매출액	식자재 총 원가
A	25	7.00	1.75	25	175.00	43.75
B	20	12.00	4.70	39	240.00	94.00
C	15	8.50	3.15	37	127.50	47.25
D	5	9.00	3.00	33	45.00	15.00
E	35	5.50	1.30	24	192.50	45.50
계	100	42.00	13.90	158	780.00	245.50
업체 판매 수	150					

표 7-10 가상 레스토랑의 메뉴분석 ⓘⓘ (단위 : ×1,000원)

I	II	III	IV	V	VI	VII
품 목	판매수량	판매 가격	식재료 원가	원가율(%)	총 매출액	식자재 총 원가
A	35	10.00	1.75	17.5	350.00	61.25
B	20	13.00	4.70	36	260.00	94.00
C	10	9.50	3.15	33	95.00	31.50
D	10	11.00	3.00	27	110.00	30.00
E	25	3.50	1.30	37	87.50	32.50
계	100	47	13.90	150.5	902.50	249.25
업체 판매 수	150					

(3) 장 · 단점

- 실제로 메뉴스코어링의 비교에 의해 메뉴의 내용이 향상되었으며 완성도가 빠르다는 장점이 있다.
- 메뉴스코어는 위의 경우에서와 같이 단 하나의 메뉴스코어는 그 자체만으로는 큰 의미를 갖지 못하고, 단순히 판매량이 가격변화, 식자재 원가와 메뉴교체 등과 어떻게 상호 작용을 했는지 보여 줄 수 있을 뿐이다. 그러므로 이 평가법을 제대로 이용하기 위해서는 평가기간이 다른 여러 개의 메뉴스코어를 상호 비교할 수 있어야 한다.

7) SWOT분석법

- 기업이 처한 대내외적 환경의 여건을 강점(strengths), 약점(weakneses), 기회(opportunities), 위협(threats)의 네 가지 요인으로 분석하여 이를 기초로 마케팅전략을 수립하는 기법이다.
- 변화하는 시장환경의 기회와 위협 요인 및 기업 내부의 핵심적인 강 · 약점의 분석이 가능한 방법이다.
- 기업의 강점과 약점을 통해 내부 환경을 분석하고, 외부 환경을 통해 기회와 위협을 발견하여 이를 바탕으로 강점을 최대화하고 약점은 최소화하는 방법이다. 즉, 기회는 활용하고 위협은 억제하는 마케팅전략을 수립하여 기업의 목표를 달성하고자 하는 분석방법이다.

TW(약점 · 위협전략)	OW(약점 · 기회전략)
• 위협 회피와 약점 최소화 전략 • 철수 전략 • 제품과 시장의 집중화 전략	• 약점 극복을 통해 시장기회 활용 • 핵심역량 강화전략 • 전략적 제휴
TS(강점 · 위협전략) • 위협회피를 위해 강점 활용 • 시장침투 전략 • 제품확충 전략	**OS(강점 · 기회전략)** • 기회 위해 강점 활용 • 시장기회 선점전략 • 시장과 제품의 다각화전략

그림 7-6 SWOT분석에 따른 마케팅전략

표 7-11 SWOT분석을 통한 환경분석의 예

구 분	강 점	약 점	기 회	위 험
내부 역량	• 음식의 시장 경쟁력 • 홍보 · 영업 조직역할 • 검증된 수익 모델	• 상품력 부족 • 초기 사업자본 부족 • 입지확보의 어려움	–	–
외부 환경	–	–	• 주 5일 근무제 • 기능성 식품, 소비자 관심 고조 • 건강 음식의 선호 • 외식인구의 저변확대	• 세계 경제불황으로 인한 최대 불경기 • 대형 음식점의 출현 • 소비자욕구의 다양화

표 7-12 SWOT분석을 통한 전략방향 및 시사점

구 분	O-S	O-W	T-S	T-W
전략 방향 및 시사점	• 확대전략 • 집중적 투자	• 전략적 제휴 • 벤치마킹 • 합작투자 • 기술제휴	• 안정적 성장 전략 • 내부 역량 강화	• 청산 • 합작투자

8) ABC분석방법

(1) 개념 및 특징

- 일명 파레토분석(pareto analysis)이라고도 불리는 이 분석은 효과가 높은 부분을 중점적으로 분석하여 최소의 노력으로 최대의 효과를 올리기 위한 방법이다.
- 레스토랑에서 많이 사용되는 간단한 분석방법으로 메뉴 아이템의 20%가 전체 매출의 80%를 차지한다는 20 : 80법칙을 적용하는 분석기법이다.
- 메뉴 부분만을 대상으로 고객이 좋아하는 메뉴가 무엇인가를 찾아내어 계속해서 인기를 유지하며 보다 많은 판매증가를 가져올 수 있도록 하는 방법이다.

(2) 분석과정

- 1단계 : 어느 일정한 기간(보통 1개월 단위) 동안 판매된 메뉴의 수와 매출액을 합한다.

- 2단계 : 매출액이 많은 메뉴 순으로 모든 메뉴를 기재한다.
- 3단계 : 메뉴의 매출 총 합계를 구한다.
- 4단계 : 각각 메뉴의 매출액을 총 합계로 나누어 전체에서 차지하는 비율(%)을 구한다.
- 5단계 : 비율(%)의 누계를 낸다.
- 6단계 : 메뉴순서별 누계치의 75~80%를 A부분, 85~90%까지를 B부분 그리고 나머지 100%까지를 C부분으로 한다.

(3) 결과분석

매출액을 기준으로 A, B, C의 세 그룹으로 구분하며 A그룹은 수는 적으나 매출액이 크기 때문에 세심하게 관리할 필요가 있고 반대로 C그룹은 수는 많으나 매출액이 적다. B그룹은 A그룹과 C그룹의 중간이므로 중간적인 관리를 한다. 레스토랑의 경우 20%의 메뉴가 전체 매출 혹은 수익의 80% 이상을 점유하고, 혹은 전체 고객 중 소수고객 20% 정도가 매출 혹은 이익의 80% 이상을 차지한다.

(4) 장 · 단점

잘 팔리는 메뉴의 성향이 파악되어 고객의 메뉴선호도의 측정이 가능하므로 그에 따른 메뉴제공시간 등을 단축시킬 수 있는 장점이 있으나 인건비가 무시되므로 정확한 분석결과를 얻기 어려운 한계점이 있다.

9) 메뉴분석의 활용 방안

(1) 밀러의 분석방법

가장 낮은 원가의 메뉴와 가장 높은 매출량의 메뉴들이 가장 좋은 영업성과를 가져오는 접근방법이기 때문에 각 코스별로 메뉴를 구성하고 있는 고급 레스토랑이나 패밀리레스토랑, 고급 한정식 및 고급 일식점 등에서 이용할 수 있다.

(2) 메뉴 엔지니어링

선호도와 수익성을 중심으로 메뉴를 분석하여 전체 매출액에 대한 각각의 메뉴들의 상대적 비중을 나타내 주기 때문에 일품 요리를 영업하는 전문 레스토랑이나 단품 메뉴들로 구성되어 있는 레스토랑, 패밀리레스토랑, 호텔레스토랑 등 다양한 업체에서 모두 이용할 수 있다.

(3) 파베직의 분석방법

판매량에 따라 낮은 식재료원가율과 높은 공헌이익을 나타내는 메뉴가 가장 좋은 메뉴이다. 즉, 총 수익과 식재료비율을 고려한 방법이기 때문에 전문점 등 단품 메뉴를 주로 하는 레스토랑에서 이용할 수 있다.

(4) 허스트의 분석방법(메뉴스코어링방법)

메뉴 가격의 변화, 인기도, 원가, 공헌이익 등이 판매에 미치는 영향을 측정하는 분석방법이기 때문에 불특정 다수를 고객으로 하는 역세권의 레스토랑, 최고 상권의 레스토랑, 커피숍, 푸드코트 등에서 이용할 수 있다.

(5) 헤이스와 허프만의 분석방법

순수익을 기준으로 메뉴에 대한 수익성을 분석하고 식재료원가뿐만 아니라 고정비와 변동비를 고려하여 손익계산서를 만들어 순이익이 높은 메뉴에 기준을 두기 때문에 뷔페레스토랑이나 출장파티를 주로 하는 외식업체, 샐러드바 중심의 레스토랑에서 이용할 수 있다.

(6) SWOT분석방법

각 사업 단위나 메뉴 아이템의 강점과 기회를 살릴 뿐만 아니라 위험 요소들을 최소화시킬 수 있는 장점으로 프랜차이즈 형태의 기업형 레스토랑에서 능률적으로 이용할 수 있다.

(7) ABC분석방법

각 아이템의 판매량과 판매금액을 기준으로 하여 선호도가 높은 메뉴에 집중하는 방법으로 일반적으로 패스트푸드점에서 이용할 수 있다.

3. 메뉴평가방법

다음에 제시되는 메뉴에 대한 여러 가지의 평가 항목들은 메뉴계획과 디자인과정에서 일반적으로 고려되는 항목들로 레스토랑의 메뉴를 평가하는 데 도움을 줄 수 있다. 그러나 모든 항목들이 모든 레스토랑에 공통적으로 적용될 수 있는 것은 아니기 때문에 특정한 레스토랑의 상황에 맞는 기준을 만들어 평가하는 것이 중요하다.

메뉴평가는 성공적인 외식산업의 전제가 되는 성공적인 메뉴를 확인하는 방법으로 수익창출과 고객욕구충족의 도구로서 평가되어야 한다. 일반적인 메뉴평가방법으로 메뉴의 계획과 디자인과정에 대한 평가, 메뉴 상품에 대한 평가, 고객선호도에 대한 평가, 수익성에 대한 평가, 내부 관리능력에 대한 평가 등이 있다.

1) 메뉴계획과 디자인과정에서의 메뉴평가

(1) 밀러의 자체 메뉴 평가 항목

이 항목들은 메뉴를 자체 평가할 수 있도록 개발된 메뉴 자체 평가 가이드라인이다. 각 항목에 대해 5점씩을 부여하여 총점이 200점이 되도록 하였는데, 어느 점수대에서 좋은 메뉴인지, 반대로 어느 점수대에서 나쁜 메뉴인지를 판단하는 정해진 기준이 없다. 또한 40개의 평가 항목이 모든 레스토랑에 공통적으로 적용될 수 있는 항목들도 아니다. 따라서 특정 레스토랑의 상황에 적합한 평가기준을 만들어 평가하는 것이 중요하다.

표 7-13 메뉴평가의 내용

메뉴설계에 대한 평가	다양성 평가	수익성 평가
• 내용 • 시각적 효과 • 품격 • 제작비	• 상품의 다양성 • 서비스의 다양성 • 분위기의 다양성	• 구성 • 수익성 • 미래에 대한 신축성

자체 메뉴평가 가이드라인

- 메뉴상 제공되는 아이템들의 향미, 농도, 그리고 색이 대조를 이루고 있는가?
- 메뉴상에 있는 모든 아이템을 만드는 데 필요한 적절한 기기가 주방에 충분하게 있는가?
- 아이템의 원재료 원가가 메뉴상의 모든 아이템에 공평하게 분배되어 있는가?
- 메뉴상의 아이템 중에서 준비하는 데 시간이 많이 소요되는 아이템 또는 높은 수준의 스킬을 요하는 아이템이 포함되어 있는가?
- 메뉴상 아이템의 조리방식이 반복되며 단조로운가?
- 과다한 원재료의 상승을 유발하는 계절적인 아이템이 한정적이며, 메뉴상에 모든 아이템의 원재료가 국내 시장에서 구입 가능한 것인가?
- 매출증진을 위한 특별한 아이템 또는 정평 있는 아이템을 판매촉진에 이용하는가?
- 메뉴상에 있는 아이템 중에서 서빙에 특별한 숙련도와 도구를 요구하는 아이템이 많은가?
- 메뉴상에 제공되는 아이템이 고객으로부터 적절한 비율로 선택되어지고 있는가를 알기 위한 선호도분석을 행하는가?
- 다양한 고객을 포용할 수 있도록 메뉴상 아이템 매가의 범위가 충분히 고려되었는가?
- 고객에게 잘 알려져 있지 않은 아이템 또는 잘 이해하지 못하는 아이템에 대한 설명이 잘 되어 있는가?
- 메뉴상 아이템에 대한 설명이 진실하게 되어 있는가?(품질, 양, 원산지 등)
- 특별한 메뉴가 특별한 고객층 또는 특별한 행사나 시간대에 잘 활용되고 있는가?
- 활자는 레스토랑의 조명에 맞게 선택되었는가?
- 고정 메뉴에서 메뉴의 다양성을 위해서 매끼마다 한 가지의 오늘의 요리를 제공하는가?
- 메뉴의 모양이 레스토랑의 위치, 역사, 지역 등을 고려한 독창적인 모양인가?
- 오늘의 특별요리가 메뉴에 클립온스 메뉴로 사용되는 경우 그 아이템은 이미 메뉴상에 있는 아이템과 반복되지는 않는가?
- 고객의 흥미를 끌기 위해 최근의 음식 추세를 고려한 다양성을 제공하는가?
- 메뉴상 아이템의 순위를 가격의 오름차순 또는 내림차순, 많이 팔기를 원하는 순으로 하는가?
- 메뉴 아이템의 매가는 고객이 지각한 가치와 일치하는가?
- 아이템과 판매가의 변경을 위해서 판매가를 종이로 오려 붙여 표시하였는가?
- 수익성이 없는 아이템이라고 인정된 아이템도 아직 메뉴 상에 있는가?
- 메뉴의 판매가격은 경쟁사에 대해 경쟁력이 있는가?
- 특정한 아이템이 수익성이 높은 아이템의 생산을 방해 또는 제한하는가?
- 계절적인 식자재 또는 저렴한 식자재를 이용하기 위해서 메뉴를 교체하는가?
- 메뉴상의 아이템을 생산하는 데 있어서 주방 종사원의 업무가 공평하게 분배되는가?
- 인건비를 절약하고 시설비를 제한하기 위한 방안으로 가공식품 또는 편의식품을 사용하는가?
- 레스토랑의 개성을 독자적으로 표현하기 위한 메뉴의 독특한 디자인, 색, 로고(logo)를 사용하는가?
- 메뉴북 자체의 소재, 색상, 디자인이 레스토랑의 테마와 어울리는가?
- 아이템을 설명하기 위해서 사진을 사용하는 경우 실제 고객에게 제공되는 음식과 계속적으로 같은가?
- 메뉴 아이템의 카테고리는 헤딩과 일러스트레이션 또는 사진에 의해서 구분되어 있는가?
- 메뉴 아이템의 배열에 있어서 수익성이 높은 아이템을 특정한 위치에 배열하거나 고객의 시선을 집중시키기 위해 특별한 처리를 하는가?
- 메뉴에 사용된 활자는 쉽게 읽을 수 있는가?

- 아이템의 설명에 있어서 정확성 또는 진실성의 원칙을 적용하는가?
- 메뉴북상의 공간에서 레스토랑의 안내를 위한 공간을 충분히 사용하는가?
- 가지고 가는 음식을 서빙하기 위한 적절한 시설과 포장하기 위한 적절한 기기가 있는가?
- 과거 3개월 동안의 식자재의 원가, 인건비, 기타 비용의 변화를 알기 위한 분석이 있었고, 그 분석의 결과를 메뉴의 판매가에 반영하였는가?
- 메뉴의 타입이 레스토랑의 스타일과 장식에 적합하며, 아이템의 수를 고려하여 크기가 적절한가?
- 메뉴가 전문적인 업체에 의해 인쇄되었으며, 견고하고 쉽게 교체가 가능하도록 되어 있는가?
- 클립온스를 사용하는 경우 메뉴판 자체의 소재와 일치하는가? 그리고 다른 아이템을 가리지 않는가?

자료 : 나정기(2009). 메뉴관리의 이해. pp. 265~266.

(2) 크렉의 자체 메뉴평가 항목

자체평가 항목들은 여덟 개의 대항목, 그리고 여덟 개의 대항목을 평가하기 위한 구체적인 항목들로 구성되어 있다.

(3) 나정기의 메뉴계획과 디자인의 평가 항목

메뉴계획과 디자인 과정에서 고려되어야 하는 일반적인 변수를 중심으로 메뉴계획과 디자인과정 그리고 실제의 메뉴를 평가할 수 있도록 개발된 메뉴평가 항목들이다. 이 평가 항목으로 현재 사용하고 있는 메뉴가 메뉴계획과 디자인에 대한 이론적인 배경을 가지고 계획하고 디자인되었는가를 평가할 수 있다.

표 7-14 메뉴 평가 항목

구 분	평가 항목
디자인	• 메뉴의 디자인 및 기교를 메뉴만 전문적으로 디자인하는 디자이너 또는 전문가가 하였는가? • 메뉴의 디자인과 컬러, 그리고 전반적인 메뉴의 외형이 레스토랑의 인테리어, 스타일, 그리고 레스토랑의 수준과 일치하는가? • 일러스트레이션이 매출을 증가시킬 수 있도록 되어 있고, 쉽게 읽을 수 있는 정도를 방해하지는 않는가? • 컬러일러스트레이션이 식욕을 돋굴 수 있도록 보이는가?

구 분	평가 항목
배 열	• 아이템의 배열이 음식이 제공되는 순서대로 되었는가? • 고객이 주문하기 쉽도록 헤딩을 구별하여 배열하였는가? • 특별한 아이템은 다른 아이템들과 구별이 가도록 활자나 박스 또는 일러스트레이션, 그래픽 등을 이용하였는가? • 많이 팔기를 원하는 아이템은 최상의 위치에 배열하고 고객의 시선이 집중되도록 되어 있는가? • 사용하는 팁-온 메뉴가 다른 내용을 가리지 않는가? • 메뉴상의 여백을 잘 이용하였는가?
활 자	• 활자의 크기는 레스토랑의 조명 아래에서 평균 시력을 가진 고객들이 메뉴를 쉽게 읽을 수 있는 정도인가? • 헤딩에 사용하는 활자의 서체는 아이템이나 아이템을 설명하는 서체와 구별되는가? • 소문자와 대문자가 혼용되어 사용되었는가? • 서체가 레스토랑의 스타일과 일치하는가?
카 피	• 조리방식과 특별히 사용하는 원 식자재를 이용하여 메인 아이템이 고객의 흥미를 끌어 식욕을 돋굴 수 있도록 설명되었는가? • 특별히 비싼 전채요리와 수프는 강조되어 설명되었는가? • 메인으로 제공되는 모든 샐러드의 만드는 방법과 식재료, 곁들이는 소스가 설명되었는가? • 특별한 샌드위치들은 잘 설명되었는가? • 스테이크의 질, 그리고 제공되는 무게가 실제와 같이 표시되어 있는가? • 후식은 고객의 흥미를 끌 수 있도록 설명되었는가? • 칵테일과 식후 드링크에 대한 설명이 잘 되어 있는가? • 와인은 잘 어울리는 음식을 중심으로 설명되었는가?
머천다이징	• 레스토랑에 대한 인포메이션이 메뉴에 표기되어 있는가?
마케팅	• 수익성이 높은 아이템은 수익성이 낮은 아이템과 차별화되도록 처리되었는가? • 지난 3개월 동안 잘 팔리지 않은 아이템, 조금밖에 팔리지 않은 아이템을 관찰하였는가? • 식재료, 인건비, 기타 비용의 상승 또는 하락에 대한 내용을 메뉴의 판매가에 반영하여 메뉴의 판매가를 변경하였는가? • 수익의 증대와 고객을 끌어오기 위해서 특별한 아이템을 계획하여 실행하였는가?
기술성	• 종이의 질은 적절한가? • 메뉴의 크기는 적절한가? • 클립온스 메뉴에 사용된 종이의 질은 적절한가? • 메뉴판의 유지와 관리상태는 양호한가?
독창성	• 메뉴의 디자인과 색, 그리고 모양이 다른 메뉴와 완전히 구별되는가? • 메뉴의 설명이 생기가 있고 독창적인가?

자료 : 나정기(2009). 메뉴관리의 이해. pp. 267~268.

표 7-15 메뉴계획과 디자인에 대한 평가 항목

구 분	평가 항목
메뉴계획	• 레스토랑의 전체적인 콘셉트와 일치하는 정도 • 타깃 고객의 기호와 욕구를 반영한 정도 • 분석된 결과가 메뉴 상에 반영된 정도 • 아이템 수의 적합성 정도 • 아이템의 다양성 정도 • 조리방식의 다양성 정도 • 소스의 다양성 정도 • 가니시의 다양성 정도 • 다이어트를 하는 고객을 위한 아이템의 고려 정도 • 사전에 설정된 질의 표준을 유지하는 정도 • 음식의 추세를 반영한 정도 • 종업원과 주방기기의 분산을 고려한 정도 • 종업원의 기능수준과 수를 고려한 정도 • 식사가 제공되는 때를 고려한 정도 • 가격분산원칙을 적용한 정도 • 아이템의 차별화를 고려한 정도 • 수익성을 고려한 정도 • 경쟁을 고려한 정도 • 식자재의 공급시장을 고려한 정도 • 재고현황을 고려한 정도 • 본 메뉴의 활용 정도 • 판매촉진 정도
메뉴 디자인	• 디자인의 전문성 정도 • 레스토랑의 전체적인 콘셉트와 일치하는 정도 • 가독성의 정도 • 메뉴의 외형 • 메뉴 크기의 적합성 정도 • 레이아웃의 전문성 정도 • 컬러의 적합성 정도(전체적인 콘셉트, 종이, 활자, 조명) • 서체와 그 크기의 적합성 정도 • 디자인의 독창성 정도 • 메뉴 유지와 관리상태 정도 • 아이템 설명의 용이성 정도 • 아이템 설명의 진실성 정도 • 메뉴 카피의 소구력 정도 • 특정 아이템의 차별화 정도 • 클립-온 메뉴 위치의 적합성 정도 • 메뉴 교체의 유연성 정도 • 판매가 표시 위치전략 적용성 여부

구 분	평가 항목
메뉴 디자인	• 아이템의 포지션전략 적용성(위치, 순위) 정도 • 판매가에 따른 아이템 배열순위 원칙 적용성 정도 • 전체적인 균형과 조화 정도

자료 : 나정기(2009). 메뉴관리의 이해. pp. 269~270.

2) 메뉴 상품에 대한 평가

(1) 전문가 집단의 맛과 양 목표평가

업체 내부의 경험이 풍부한 평가 전문가들로 이루어진 패널이 맛과 양 목표(식자재 종류 및 양, 사용기구, 인원, 조리시간, 1인분의 양, 조리방법, 그릇류)를 평가한다. 여러 가지 변수에 따른 정기적인 평가를 할 수 있는 효과적인 평가시스템을 갖추어야 한다.

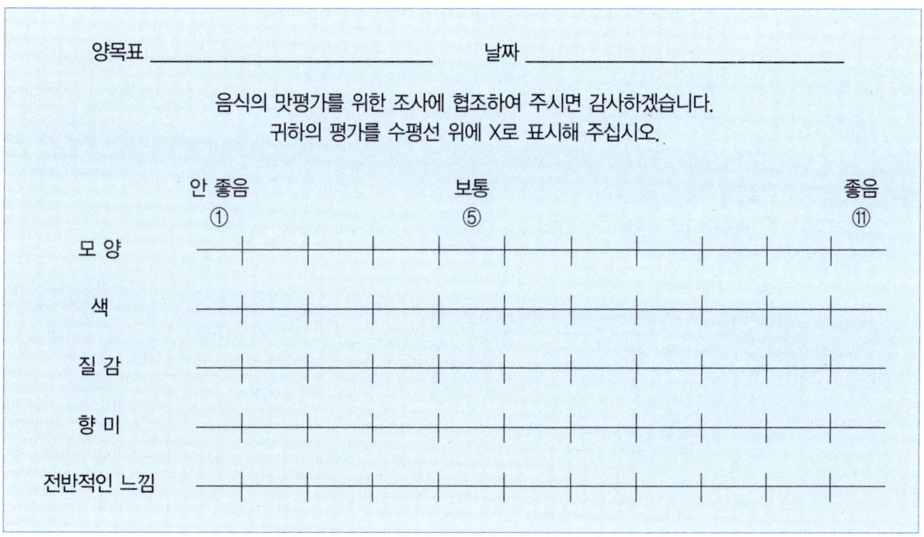

그림 7-7 음식의 맛 평가방법

(2) 고객의 평가

새로운 음식이 개발될 때뿐만 아니라 이미 제공되고 있는 음식들에 대해서도 고객이 어떻게 생각하고 있는지를 평가하는 것은 매우 중요하다. 이것은 고객들의 관심을 자극하게 되고 메뉴개발을 보다 합리적으로 할 수 있는 바탕이 된다. 고객의 평가를 위한 양식은 가능한 한 단순하여야 하고, 문제의 수가 적어야 참여율이 높고 정확한 결과를 도출할 수 있다.

① 음식의 양과 질

메뉴선택 시 '음식의 맛'은 가장 중요한 고려사항이자 기준이다. 맛과 양에 대한 선호는 성별 · 연령별 · 지역별 · 소득수준별 등에 따라 차이를 보인다. 음식의 양은 그릇의 2/3

음식의 맛을 평가하는 데 협조하여 주시면 감사하겠습니다.

음식의 이름 : ______________________

1. 음식을 평가하여 주십시오.
   (1) 아주 좋지 않음 (2) 좋지 않음 (3) 보통 (4) 좋음 (5) 아주 좋음
2. 이와 같은 음식을 먹어 본 적이 있습니까?
   (1) 예 (2) 아니오 (어디에서 __________)
3. 선택하게 된 계기는?
   (1) 서빙직원의 권유로
   (2) 이 레스토랑의 대표적인 메뉴이기 때문에
   (3) 초대한 사람이 있어서
   (4) 동행한 사람의 권유로 인해
   (5) 기타
4. 선택하게 된 이유의 순서를 정하여 주십시오.
   (1) 음식의 이유 (2) 모양 (3) 이전 경험 (4) 가격 (5) 크기
   (6) 호기심 (7) 맛 (8) 영양가치 (9) 채소 (10) 기타
5. 다음에도 이 음식을 주문하시겠습니까?
   (1) 예 __________ (2) 아니오 __________
6. 평하실 말씀이 있으시면 아래에 적어 주십시오.

   ____

요금을 지불할 때, 설문지를 되돌려 주십시오. 감사합니다.

그림 7-8 고객의 반응조사방법

자료 : 진양호 · 강종헌(1998). 메뉴관리론. p. 252.

정도가 보기도 좋고 먹음직스럽게도 느껴지는데, 생활수준이 향상됨에 따라 양보다는 질을 더 우선시하는 경향이 있다.

② 메뉴의 가격

가격결정에 무엇보다도 중요한 것은 고객의 평가를 파악하는 것이다. 가격에 대한 고객의 평가는 가격에만 영향을 받지 않고 레스토랑의 인지도, 분위기, 이미지, 서비스의 형태 및 질에도 영향을 받는다.

③ 메뉴 아이템의 다양성

고객들은 메뉴의 다양성과 상상력을 제공받기를 원하고, 고객이 메뉴를 선택할 때 메뉴의 수는 중요한 요인이 된다.

④ 영양적 요인

영양 프로그램은 외식산업에 있어서 마케팅 요소가 되고 있으며 경쟁력을 유지하는 데 필수적인 요인으로 고려된다.

Chapter 08

메뉴 마케팅

치열한 경쟁환경과 시장의 변화 속에서 외식업체가 생존하기 위해서는 고객의 필요와 욕구를 먼저 파악하여 그들의 욕구를 충족시킬 수 있는 적절한 메뉴와 서비스를 개발해야 한다. 이것이 곧 마케팅의 필요성을 의미한다. 이 장에서는 메뉴 마케팅의 개념과 기능, 메뉴 마케팅의 내용 및 전략, 마케팅 믹스, 메뉴 마케팅의 종류 및 사례를 살펴보고 이에 대한 지식과 기술을 외식현장에 적용하고 활용할 수 있도록 한다.

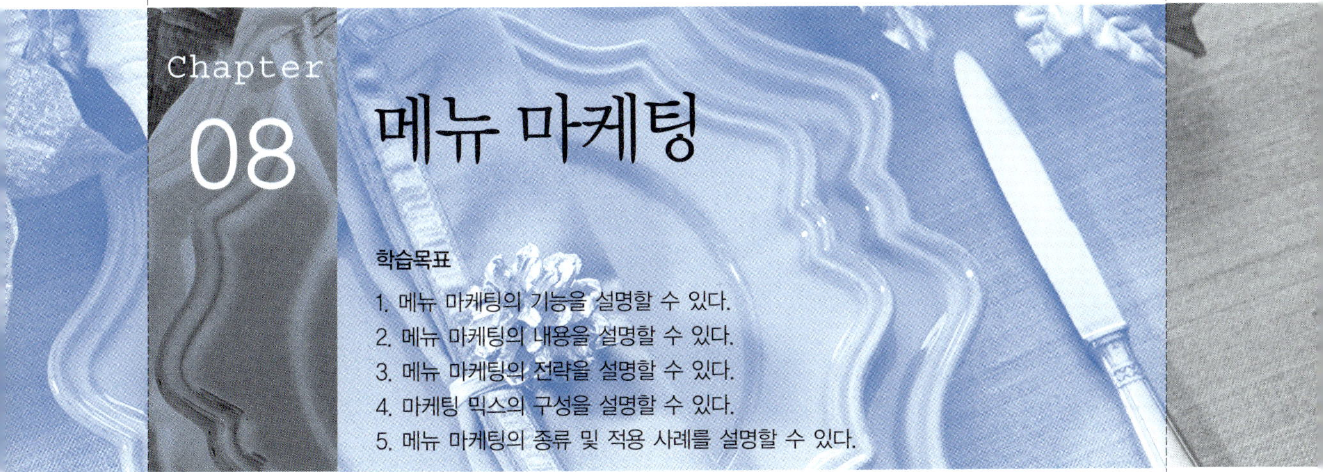

Chapter 08

메뉴 마케팅

학습목표

1. 메뉴 마케팅의 기능을 설명할 수 있다.
2. 메뉴 마케팅의 내용을 설명할 수 있다.
3. 메뉴 마케팅의 전략을 설명할 수 있다.
4. 마케팅 믹스의 구성을 설명할 수 있다.
5. 메뉴 마케팅의 종류 및 적용 사례를 설명할 수 있다.

1. 메뉴 마케팅의 개념

일반적으로 메뉴 마케팅은 상품계획, 가격계획, 판매계획, 판매촉진계획과 함께 메뉴와 서비스의 관계에 따라 인원계획, 설비계획을 결정하고 이를 통해서 고객의 욕구를 파악하여 고객의 욕구를 만족시킬 수 있도록 하는 일종의 메뉴계획활동이라고 할 수 있다. 고객은 상품을 구매할 때보다 서비스(메뉴)를 구매할 때 위험을 느끼는데, 그 이유는 고객이 실제로 메뉴를 구매하고 경험한 후에야 평가를 할 수 있기 때문이다. 메뉴 마케팅은 이러한 위험 인식을 없애고 고객의 신뢰를 창출하는 메뉴전략을 개발하는 것이다.

1) 마케팅 사고의 변천

오늘날에는 치열한 경쟁 환경과 다양한 시장환경의 변화로 인하여 고객 중심 시대, 즉 고객의 욕구를 충족시켜야 생존할 수 있는 시대가 되었다. 이것은 다양한 기술발전을 통한 대량생산체제 확립이 중요한 요인인데, 이는 시장의 성격을 생산 혹은 판매자 중심에서 고객 혹은 구매자 중심으로 변모시켰다.

표 8-1 마케팅사고의 발달단계

마케팅의 분류	마케팅의 변천 내용
생산지향 마케팅	• 수요>공급, 팔려고 애쓰지 않아도 팔림 • 영업사원은 가만히 앉아서 주문 받음 • 고객에 대한 인식이 매우 부족
생산 · 판매지향 마케팅	• 수요=공급, 대량 생산과 대량 판매 시대 • 도매상에 넣기만 하면 어떻게든 판매됨 • 영업능력의 차이가 기업능력의 차이를 만듦
생산 · 판매 · 유통지향 마케팅	• 수요<공급, 효율과 비용절감의 추구 • 마케팅과 영업(판매)업무가 분리됨 • 유통경로의 다양화 및 효율화 추구
생산 · 판매 · 유통 · 고객 및 사회지향 마케팅	• 수요<공급, 고객만족 추구 • 생산, 조직, 예산분배 등 모든 것이 고객의 인식에 바탕을 두고 행해짐 • 환경문제에 대해 의식하는 시기 • 기업의 사회적 공헌이 마케팅에 도입되는 시기

2) 메뉴 마케팅의 기능

고객의 필요와 욕구를 먼저 파악하여 그들의 욕구를 충족시킬 수 있는 적절한 메뉴와 서비스를 개발해야 하고 이것이 곧 마케팅의 필요성을 의미한다. 마케팅의 기능을 살펴보면 다음과 같다.

- 이윤형성과 고객유치 그리고 중요한 결정자로서의 궁극적인 조정기능이 있다.
- 업체 운영에 필요한 공간과 장비 그리고 인원확보와 관계된 기본적인 원리를 제공한다.
- 업체 운영의 전반에 걸친 내부 통제기능과 통합, 판매, 광고, 판매촉진 등과 함께 고객을 창출하는 도구이다.

3) 메뉴 마케팅의 목표 및 내용

메뉴 마케팅의 목표는 외식업체가 다양한 시장환경 속에서 생존하면서 계속적으로 성장해 나가는 것이다. 고객의 측면에서 마케팅의 목표는 필요와 욕구충족을 통하여 만족을 하는 것이며, 레스토랑은 고객만족을 통하여 레스토랑의 성장과 이윤창출에 목적을 두고 있다.

(1) 목표 설정

- 일정기간 내에 일정수준의 매출을 달성한다.
- 일정기간 내에 일정비율의 수익률을 증가시킨다.
- 일정기간 내에 일정비율의 시장점유율을 달성하고(신상품), 현재의 시장점유율(기존상품)을 확대한다.
- 메뉴의 다양화로 레스토랑의 위험부담을 감소시킨다.
- 자본의 회전율을 증가시킨다.
- 이용률을 제고한다.
- 성수기를 연장한다.

이러한 목표 중에 해당이 되는 것을 선택하여 그 내용을 세분화하고 문서로 정확히 기술하여 주기적으로 관찰하고 그에 따라 수정 · 보완 작업이 이루어져야 한다.

(2) 메뉴 마케팅의 내용

메뉴 마케팅의 내용은 ① 판매계획(sales planning), ② 시장조사(marketing research), ③ 판매경영전략(sales channel strategy), ④ 가격정책(price policy), ⑤ 광고관리(advertising control), ⑥ 판매촉진(sales promotion), ⑦ 판촉사원관리(salesman control), ⑧ 마케팅 비용(marketing cost)전략과 관리, ⑨ 패키지 상품(package product) 구성 및 관리 등이 포함되는데, 외식업체는 각 부분들을 각 업체의 상황에 맞게 전략을 세워 추진해야 한다.

4) 메뉴 마케팅활동의 전개과정

고객의 욕구와 동향을 계속 조사하고 그에 맞는 상품을 개발하여 적극적으로 상품을 판매해야 한다. 레스토랑은 언제나 고객을 위해 존재한다는 사실을 명심해야 한다. 이것이 바로 미케팅인 것이다.

표 8-2 메뉴 마케팅의 전개과정

1단계(시장조사)	2단계(상품화)	3단계(판매촉진)
고객의 욕구에 관한 분석 • 시장수요조사 • 경쟁부문조사 • 고객선호도조사 • 식음 상품조사 • 트렌드조사	고객의 기호에 맞는 제품 및 서비스 창출 • 고객에 맞는 메뉴 상품 생산 • 고객에 맞춘 서비스 구성	사용욕구촉진전략 • 판매촉진활동 • 광고활동

2. 메뉴 마케팅전략

1) 차별화 전략(differentiated marketing)

(1) 품질전략

과감한 품질 경쟁력을 통해 고품질 이미지를 유지함으로써 고객에게 심리적인 만족을 주는 장기적인 전략이 될 수 있다.

(2) 마케팅전략

메뉴의 판촉과 부가 서비스 및 홍보 방법을 통해 차별화를 두거나 고객의 관심을 집중시킬 수 있는 마케팅혁신전략을 통해 경쟁력을 확보할 수 있다.

(3) 가격전략

가격에 민감한 고객에 대응하기 위해서 가장 우선적이고 광범위하게 적용할 수 있는 방법으로 가격을 조정할 수 있는 다양하고 정확한 방안과 함께 운영 전반에 걸친 구조조정 후 실행되어야 한다.

2) 비차별화 전략(undifferentiated marketing)

고객 욕구의 차이보다는 고객 전반의 공통되는 관심에 초점을 맞추어 전체 고객을 대상으로 영업을 하는 마케팅전략으로 경제적인 효과를 거둘 수 있다.

3) 포지셔닝전략(positioning parketing)

판매전략상 메뉴가격대를 어느 위치의 가격대에 포지셔닝하느냐는 중요한 문제가 되는데 중점적으로 판매하고자 하는 메뉴를 고객이 선택하게 만들 수 있는 곳을 찾아 소비자로 하여금 선택하게 하는 전략이 필요하다.

4) 홍보전략 (PR marketing)

개인이나 조직이 인터넷을 통한 커뮤니케이션을 바탕으로 하는 홍보나 고객의 구전에의한 홍보는 대단히 중요한 효과를 가져 올 수 있다.

5) 집중화 전략 (concentration marketing)

큰 시장에서 작은 시장점유율을 확보하기보다는 작은 세분시장에서 높은 점유율을 확보하려는 것으로, 자사 시장에 대한 전문지식이나 시장점유율이 높을 때 혹은 기업의 재원이 제한되어 있을 경우 사용하는 전략이다.

3. 마케팅 믹스

1) 마케팅 믹스의 기본방향

제품, 유통, 판매, 가격의 네 가지(4P전략)를 합리적으로 결합시켜 마케팅전략을 결정하는 것을 마케팅 믹스라고 한다. 각 마케팅 믹스(marketing mix)는 목표고객의 욕구충족이라는 목표 아래 일관성을 가져야하고 또 각 요소가 단독으로 수행되는 것이 아니라 각각을 조합하고 관련시키면서 추진해 나가야 한다.

2) 마케팅 4P전략

(1) 제품전략(Product)

유형적 요소와 무형적 요소의 결합이다. 외형적 기능과 구입에 의한 부가적인 서비스 및 소비자의 만족을 줄 수 있어야 제품이라고 할 수 있다.

- 기업이 소비를 위해 시장에 제공하여 고객의 욕구를 충족시키는 것으로 고객에게 판매 하기 위해 제공되는 것이다.
- 소비자 수요 창출방법 중 매우 중요한 요소이다.
- 소비자가 만족하는 제품 생산과 지속적인 개발이 필요하다.
- 유 · 무형적인 상품의 조화가 필요하다.
- 소비자 조사, 상품기획, 제품개발, 디자인, 포장 결정, A/S결정 등이 해당된다.

표 8-3 제품의 종류

종 류	내 용
기초 제품(generic product)	기본적인 제품 그 자체의 질에 의해 차별화할 수 있음
기대 제품(expected product)	기초제품을 포함하여 소비자가 기대하는 구매조건을 포함하는 개념으로 소비자의 기대감을 충족시켜 제품을 차별화함(예 : 배송, 결제조건, A/S)
가치증대 제품 (augmented product)	소비자가 예상치 못한 기대가치 이상으로 가치를 제공하여 차별화를 두는 것으로 특히 성숙한 시장이나 또는 소비자가 그 제품에 대해 경험이 풍부한 시장에 적용할 수 있음
잠재 제품(potential product)	향후 소비자들을 끌어오기 위해 행할 수 있는 모든 수단을 동원하는 제품으로 풍부한 예산과 상상력이 있어야 가능함

(2) 유통전략(Place : 시장전략, 유통경로 선택이 중요)

① 유통의 기능

- 거래기능 : 구매 및 판매기능
- 물적 유통기능 : 제품보관(재고유지)기능, 수송기능
- 촉진기능 : 정보수집기능, 상품분류기능, 금융기능, 판매촉진기능

서비스 기대수준분석(대기시간, 취급 상품의 다양성, 입지편리성, 최소구매단위 등)

↓

유통경로 목표설정(기업의 목표, 제품 특성, 중간상의 특성, 경쟁력 특성 등)

↓

유통전략 결정(유통의 적용범위수준, 유통경로의 통합수준)

↓

유통 간 갈등 관리(제조업자와 중간 상인 간의 목표 불일치, 상호이해 부족 등 해결)

그림 8-1 유통경로의 설계

② 고려사항

- 제품의 유형(예 : 편의품, 선매품, 전문품)
- 상권 및 입지(예 : A급 상권, B급 상권)
- 매장의 형태(예 : 숍 인 숍)
- 판매의 형태(예 : 테이크아웃, 배달)
- 물적 유통(예 : CK, 공급 독점계약, 전산화 시스템)

(3) 판매촉진전략(Promotion)

- 구매자와 판매자 간에 정보를 교환하기 위해 이용되는 커뮤니케이션으로 판매증대를 위해 고객의 욕구와 지각을 자극할 수 있는 중요한 활동이다.
- 고려사항
  - 제품의 특성에 따른 고려 : 편의품은 광고의 의존도가 높은 반면, 선매품 및 전문품은 상대적으로 인적 판매의 비중이 높다.
  - 시장의 성격에 따른 고려 : 시장이 동질적일 수록, 지리적 범위가 넓을 수록 광고가 유리하다.
  - 판매범위에 따른 고려 : 이질적 · 지리적 범위가 좁을 수록 인적 판매가 유리하다.
  - 인적자원 활용 방법, 광고, 서비스 축진, 홍보, 상품의 진열법 등이 해당된다.

(4) 가격전략(Price : 제품의 이미지와 관련된 주요 문제)

- 기업이 판매하려고 하는 제품이나 상품 혹은 서비스에 대해 고객에게 제시되는 지표로서 실질적으로 이익을 발생시키는 역할을 담당한다(마케팅 믹스 변수들 중 가장 신축적인 요소).
- 가격은 소비자가 누릴 수 있는 혜택에 따라 평가되므로 제품력, 유통, 판매촉진에 의해 영향을 받는다.
- 가격전략은 마케팅 믹스 중 계량화가 가장 용이하고 무엇보다 강력한 무기가 될 수 있으나 경쟁사도 쉽게 대응할 수 있기 때문에 단기적 효과에 그칠 수 있다. 수요증대를 가져올 수 있으나 수익은 감소할 우려가 있으므로 적정 가격을 설정하는 것이 중요하다.
- 반면, 무리한 고가정책은 제품의 우월성보다는 오히려 열등한 것으로 인식될 수 있으며, 이는 경쟁사의 저가 공세에 쉽게 당하기 쉽기 때문에 고가정책을 유지하려면 제품에 충분한 이유를 부여해야 한다.
- 제품의 원가와 서비스의 적정가격을 설정하는 것이 중요하고, 소비자의 예상가격에 상응하는 가격이 가격전략의 기본이 된다.

3) 2009년 외식프랜차이즈의 마케팅 믹스 구성

(1) 제 품

① 1차 소비자 → 익숙함

- 2009년 외식프랜차이즈 업계가 주목해야 할 부문은 '가치 · 신뢰중시 소비패턴의 확산(삼성경제연구소)' 으로, 이는 불황일 수록 소비자들은 한 푼의 가치를 소중히 하고 기업과 브랜드의 신뢰를 중시하기 때문이다.
- 홍행코드였던 '퓨전' 보다는 익숙함에 무게 중심을 둘 것을 예상하고 특히 경기가 불투명한 만큼 투자비용을 절감시킨 아이템 개발이 주를 이룰 것으로 관측되고 있다. 예로 분식 브랜드에 대한 관심집중현상을 들 수 있다.

② 2차 소비자 → 건강

- 2008년 미국산 쇠고기의 수입으로 인한 대규모 집회, 멜라민 파문, 음식점 잔반 재활용, 폐유 튀김유 파문 등으로 식품안정에 대한 소비자들의 불안감이 증가하고 있다.
- 2008년 12월부터 쇠고기, 돼지고기, 닭고기, 쌀, 배추 등에 음식점 원산지 표시 제가 확대 실시되고 있기 때문에 외식 프랜차이즈 업계가 놓쳐서는 안 될 키워드는 '건강'이다.
- 선두업체들을 중심으로 건강 지향적 R&D는 어느 정도 가시적인 상과가 나타나고 있다. 원 앤 원은 보쌈김치, 족발, 박가부대 소스류에 MSG 무첨가 생산을 함으로써 안심 먹을거리를 제공하는 기업이라는 이미지를 부각시킨다. 〈놀부항아리갈비〉는 복분자를 넣은 항아리갈비를 신메뉴로 출시하여 건강 지향적 이미지를 어필함과 동시에 브랜드 차별화를 꾀하고 있다.
- 호황일 때 출시된 신메뉴는 소비자들로부터 주목받기 쉽지가 않은 반면 경기가 어려울 때 출시된 신제품은 마케팅 비용 대비 효과가 크게 나타날 수 있으므로 소극적인 R&D보다는 경기호황에 대한 적극적인 R&D 투자를 늦추지 말아야 한다.

(2) 가 격

① 1차 소비자 → 맞춤형 창업으로 돌파구

- 예비창업자들의 창업자금 규모가 위축됨에 따라 각 본사에서는 '고객맞춤형 창업'이라는 특단을 내놓고 있다. 공동투자형 창업, 상권 및 점주 성향을 반영한 메뉴 선택제, 창업 이벤트 등 창업에 있어서 거품이 제거된 실속형 창업이 각광받고 있다. 대형 규모를 지향했던 브랜드는 물론 상대적으로 중소형 브랜드에서도 공동투자 창업을 유치하며 창업냉각기에 대응한다.
- 창업이벤트도 새롭게 등장했다. 보증금과 임대료만 점주가 지불하고 인테리어 및 가맹점 개설에 필요한 비용 일체를 본사가 부담하는 창업특혜 이벤트, 무이자 대출 이벤트, 미리 경험해 볼 수 있는 체험 창업 프로젝트를 진행한다.

② 2차 소비자 → 가격상승 압박 속 가격차별화로 거부감 축소가 관건

■ 2008년 국제 곡물가상승, 고유가로 인해 한 차례 가격인상을 단행한 프랜차이즈 업계는 올해 또 한번의 가격인상은 무리라는 것이 중론이다. 따라서 구매 교섭력을 통해 원가인상을 억제하고 가격경쟁력을 갖춘 R&D가 선행되어야 한다는 것이 전문가들의 입장이다.

■ 고객이 가격상승 폭을 알아차리지 못하도록 최소한의 가격 변화폭을 정해 놓거나 세트메뉴구성 및 시간, 고객층에 따른 가격차별화 전략으로 인상에 대한 거부감을 줄이는 것이 필요한데, 분명한 것은 가격이 인상된다면 그 만큼의 가치 제공이 수반되어야 심리적 거부감을 줄일 수 있다.

(3) 유통(1차 소비자 → 탈 수도권)

■ 예비창업자들의 창업자금을 고려할 때 소규모창업이라도 권리금, 임대료 등의 마지노선이 있어 상대적으로 임대비용이 낮은 지방 대도시의 대형매장으로 진출해 규모의 경제를 노리고 있는 업체들이 상당수 있다.

■ 기업형 물류회사와의 물류제휴는 지방 진출 시 매장관리 및 물류비용에 대한 부담을 낮출 수 있다.

(4) 판 매

① 1차 소비자 → 쉽고 간편하게

■ 외식업계는 연간단위로 프로모션을 매우 활발하게 진행하여 고객들의 관심을 유도하느라 바쁘다. 그러나 외식 프랜차이즈 업계는 이러한 프로모션에서 한 발 비껴나 있었다. 프로모션에 수반되는 많은 것들이 가맹점주의 동의와 참여가 선행되어야 할 뿐만 아니라 트렌드나 사회적 이슈에 따라 빠르게 진행되는 프로모션에 대해 점주들의 의견이 서로 다르고 수백 개의 매장에서 동시다발적으로 진행하기에는 한계가 있을 수밖에 없기 때문이다.

■ 그러나 2008년부터 프로모션에 보수적인 입장을 고수해 왔던 프랜차이즈 업계에도 변화가 나타나고 있다. 〈놀부〉, 〈원 앤 원〉, 〈제너시스〉, 〈BBQ〉 등이 선두로 분기 프로모션을 진행하여 고객들의 관심을 유도하고 있다. 주목할 점은 프로모션의 진

표 8-4 2009 외식프랜차이즈 마케팅 믹스의 예

구 분	1차 소비자(가맹점주)	2차 소비자
제품전략	신뢰도 높은 본사의 익숙한 아이템	건강지향 R&D
가격전략	소자본	가격차별화로 거부감감소
유통전략	탈 수도권	-
판촉전략	쉽고 간편하게	문화적 감수성의 충족

자료 : 월간식당(2009년 3월호)

행방법이 매우 간편해졌고, 온 · 오프라인이 연계된 프로모션을 진행하여 속도감과 가맹점의 경품재고 관리, 비용부담문제를 해결하는 것이다.

② 2차 소비자 → 문화적 감수성을 자극하라

- 불황으로 사회적 분위기가 침체되면 사람들은 우울감과 허탈감을 해소하거나 재충전을 하기 위해 여가생활에 더욱 빠져드는 경향을 반영한 문화 마케팅이 활발하게 이루어진다.
- 연극, 영화, 페스티벌 등의 문화 마케팅을 강화하고 CF, 드라마, 애니메이션 등 콘텐츠 제작사와의 제휴와 지원을 통해 홍보전략을 구상한다.

4. 메뉴 마케팅의 종류 및 사례

1) 서비스 마케팅

오늘날 외식산업은 상품생산력만으로는 다른 업체와의 차별화를 두기 어렵고, 고객의 욕구가 다양해지고 변화가 많기 때문에 이에 따라 서비스 마케팅의 중요성이 나타나게 되었다. 서비스는 형태가 없고 대량생산이 어려우며 생산과 소비의 장소가 일치한다는 등의 특징을 가지고 있다. 기업에 있어서 서비스의 질을 어떻게 해서 높게 유지할 것인가, 어떻세 관리할 것인가는 매우 커다란 과제이다.

(1) 호텔의 푸드 컨시어지

- 호텔 조리와 고객이 필요로 하는 정보를 제공하고 고객의 제반사항을 해결 하는 컨시어지 개념을 조합한 '푸드 컨시어지(Food Concierge)' 서비스를 강화하는 추세이다.
- 식재료 검수부터 식사를 마치는 순간까지 조리장이 고객을 관리한다는 '푸드 컨시어지' 시스템을 통해 고객 만족을 추구한다.

(2) 〈준코〉, 퍼주기 감동 마케팅

- '줄을 서서 기다려야 먹을 수 있는 주점'
- 찾아가는 서비스, 마음을 담은 퍼주기 마케팅, 고객이 남는 장사, 소중한 고객의 돈, 건전하게 즐기는 음주문화 등을 표방하며 정성과 땀과 노력을 다하는 서비스를 제공한다.
- 편의점 심야 배달, 준코 노래타운을 구성하여 노래까지 무제한 제공하는 서비스로 황도캔을 통째로 제공하거나 안주를 카트에 담아 테이블을 순회하는 카트 서비스를 제공한다.

(3) 고급 도자기 〈광주요〉

- 한 번이라도 〈광주요〉를 찾은 고객들에게 광주요의 행사나 소식을 제일 먼저 전달하며 이들을 위한 세일행사를 마련한다.
- 지속적인 프로그램을 통해 광주요를 생활문화 속에서 접할 수 있는 기회를 제공한다.
- 파티나 이벤트를 통해 생활 속의 명품을 지향하는 광주요라는 분위기를 제공한다.
- 요청이 있을 시에 직접 찾아가는 다도 교육을 실시한다.
- 여러 가지 서비스를 통해 자연스럽게 브랜드의 이미지를 부각시킨다.

2) 귀족 마케팅(VIP 마케팅), VVIP 마케팅

최근 들어 각 기업들이 부자들을 대상으로 한 귀족 마케팅을 강화하고 있다. 부의 양극화는 국내에서도 이미 선진국수준에 도달해 있고, 부자들의 영향력은 더욱 강화되는 추세이다. 부자 마케팅, VIP 마케팅이라고도 한다. Very Very Important People을 의미하는 VVIP는 VIP 중의 VIP로 고객 수로는 상위 10% 이내에 불과하지만 이들이 차지하는 매출 점유율은 70~80%에 이른다. 또한 이들은 경기 불황 속에도 외식업체를 선택함에 있어 가격보다는 가치를 우선순위로 놓는다. 즉, 해당 업체의 음식 · 서비스 · 분위기 · 품질 등을 전반적으로 보았을 때 가치가 있는 곳, 나의 취향과 내가 원하는 것이 무엇인지를 알고 나를 위한 특별 서비스를 해주는 곳을 찾는다. 이에 따라 고급 레스토랑뿐만 아니라 외식업체에서도 자사 브랜드의 VVIP 고객을 선별, 별도 리스트관리 및 직원 공유를 통해 VVIP 고객 방문 시 이들에 대한 밀착 서비스에 소홀함이 없도록 하고 있다. 이러한 VVIP 고객관리를 통해 이들의 방문횟수 및 객단가 상승, 동반 고객을 통한 입소문 등의 효과를 노리고 있다.

■ 해외로 진출한 〈우리 맛 한우리〉의 차별화 전략

- 꾸준한 맛을 유지한다.
- 직접 재료(국수, 참기름 등)들을 만들어 사용한다.
- 사장이 직접 고기 맛을 매일 체크한다.
- 젊은 층을 겨냥한 공간, 노인분들을 위한 공간, 가족이 함께 할 수 있는 공간 등의 구성을 통해 각 층별 분위기의 콘셉트를 달리한다.
- 식당 공간을 이용하여 전시회를 개최한다.

■ 〈첼리스트 된장〉

- 보통 된장 값의 일곱 배 가량 비싼 된장을 판매한다.
- 강원도 정선군 임계면 가목리에서 돈연스님과 첼리스트가 메주를 쑤고 된장, 고추장을 만들어 통신판매한다.
- 재래식 된장을 고집하여 정선에서 생산된 콩을 원료로 장독에 담근 것, 통신판매법으로 경쟁력을 강화한다.
- 전화로 주문하는 고정고객들에게 된장, 고추장을 파는 전략으로 지속적인 인기를 유지한다.

■ 김치냉장고의 명품 〈딤채〉

- 김치냉장고를 만들기 위해 김치에 대한 선행연구를 실시하였다.
- '구전 마케팅' 전략으로 고소득층을 공략한다.

> **파레토 법칙**
>
> 이탈리아의 경제학자 파레토(Vilfreto Pareto, 1848~1923)가 발견한 것으로 사회의 부 중 80%는 20%의 사람에게 집중되어 있다는 것으로, 마케팅에서 보면 전체 고객 중 20%가 전체 매출의 80%를 올리고 있다는 법칙이다.
>
> 이 법칙은 상품에도 적용할 수 있는데, 20%의 상품이 80%의 매출을 올리고 있다고 보는 것으로, 업종이나 회사에 따라 차이는 있으나 상위의 고객이 매출의 대부분을 차지한다는 것이다. 마케팅에 활용하기 위해서는 상위의 고객을 놓치지 않는 전략을 취하는 것이 중요하다. 즉, 상위의 고객이 전체 매출의 대부분을 올리고 있으므로 상위의 고객 한 명을 잃는 것과 하위 고객 한 명을 잃는 것은 손실의 크기에 있어 엄청난 차이가 있다.

1995년 첫 제품이 출시되었을 때 강남지역 중산층 주부들에게 딤채 5,000대를 나누어 주어 3개월 동안 직접 사용 후 구매 여부를 결정하도록 하는 마케팅전략을 사용한다.

- 이 후 대기업이 뛰어 들어 다른 김치냉장고를 출시했지만, '김치냉장고 명품 딤채' 라는 인식의 작용으로 인지도가 오히려 상승하는 효과 얻었다.

3) 페르소나 마케팅

페르소나 마케팅의 핵심은 '브랜드 이미지에 개성을 심어라.'로, 페르소나(persona)는 겉으로 드러나는 외적 성격이라는 심리학 용어이다. 소비자들이 브랜드의 진정한 성격을 모두 파악하고 있는 것은 아니며, 오히려 소비자들은 브랜드가 전달하는 이미지(brand persona)를 통해 인식하고 결정한다. 그러므로 페르소나를 치밀한 계획을 통해 잘 구성할 때 성공을 기대할 수 있다. 성공을 위해서 어떤 방식을 택하느냐에 따라 그 성공의 지속시간이 달라지는데, 여러 방법 중 가장 확실한 방법은 바로 '이미지 마케팅' 이다. 최고의 브랜드란 그 브랜드에 어울리는 이미지를 부여함으로써 만들어진다는 것이다. 그리고 그 최고의 이미지에 걸맞는 신뢰할 수 있는 실체를 반드시 가지고 있어야 한다.

페르소나의 유형은 다음과 같이 나눌 수 있다.

(1) 황제 페르소나

- 다른 사람들에게 거부감을 줄 가능성이 가장 많다.

- 황제 페르소나를 만드는 데 있어서 가장 중요한 것은 약점으로 보일 수 있는 특성이라면 그것이 어떤 것이 되었든 간에 없애는 것이다.
- 〈코카콜라〉, 〈코닥〉, 〈소지〉, 〈벤츠〉, 〈디즈니〉 등

(2) 영웅 페르소나

- 황제라는 이미지를 구축하기 위해 노력하기보다 유능한 지도자를 기르고, 회사는 영웅을 중심으로 돌아간다.
- 〈KFC〉의 커넬 샌더스 할아버지

(3) 전문가 페르소나

회사 대표나 직원들의 능력을 강조는 하지만 영웅 페르소나만큼 한 개인을 화려하게 부각시키지 않고 신뢰의 구축을 가장 중요한 마케팅방법으로 한다.

표 8-5 이미지 마케팅의 예

업 체	내 용
〈코카콜라〉	• 브랜드가 제품명이 됨 • '탄산음료를 마시는 것이 아니라 코카콜라를 마신다.'
〈멕스웰 하우스 커피〉	• '마지막 한 방울까지 좋은 향기'라는 10년의 텔레비전 광고를 통한 이미지를 부각함
〈던킨도너츠〉	• '도넛'에서 '커피 & 도넛'으로 리포지셔닝(repositioning)하면서 '던킨도너츠에서 커피도 마실 수 있다'는 확실한 이미지를 각인시킴 • '커피 & 도넛'이라는 리포지셔닝을 통해 기존 도넛뿐만 아니라 커피고객까지 흡수하면서 브랜드 라이프 사이클을 연장시킴
〈미스터피자〉의 '여자를 위한 피자'	• 피자 콘테스트, 여대생 마케터 러브바이러스 등 'Made for Woman'에 맞게 메뉴와 마케팅 등 모든 전략을 여성에게 맞춤 • '기름기 없는 수타 피자'에서 '여자 피자'로 브랜드를 리포지셔닝하는 차별화 전략을 강구함
(주)썬앳푸드 '봄날의 보리밥'	• '봄날의 보리밥'에서 '비스트로 서울 모락'으로 리포지셔닝을 통해 브랜드 명에 의해 빗나간 타킷의 고객층을 되찾기 위한 전략을 강구함
〈대게도락〉	• '대게 & 활어회 전문점'에서 지역별로 차별화된 '패밀리레스토랑'으로 리포지셔닝 • 대중적인 가격과 전문적이고 밀착된 서비스의 패밀리레스토랑으로의 브랜드 이미지를 각인시킴
〈할리스〉	• 'fresh coffee, romantic space'라는 슬로건을 내걸고 브랜드 콘셉트에 변화를 주어 한 단계 업그레이드된 할리스만의 고급화를 통해 브랜드 이미지를 효과적으로 표현하여 경쟁업체와의 차별화 전략을 도모함

(4) 친구 페르소나

- 가장 활용도가 높은 페르소나이다.
- 모든 사람을 친절하고 공평하게 대하며 그들로부터 존경심을 얻는 모든 사람의 친구같은 페르소나이다.
- 소비자들에게 다가가기 위한 매우 강력한 수단이 된다.

(5) 카멜레온 페르소나

진보적 성향의 경영자들이 가장 선호하는 페르소나로 신앙심에 가까운 집착을 갖고 있어야 대의를 완성할 수 있다는 것이다.

4) 문화 마케팅

문화적 요소, 문화적 환경, 문화적 매체를 수단으로 상품과 문화를 접목시켜 고객을 유치하는 마케팅이다. 판매증진 및 이미지개선에 매우 효과적인 마케팅방법이다.

- 〈스타벅스〉
  - 전략적으로 영화「아이 앰 샘」지원. 영화의 주인공을 〈스타벅스〉의 직원으로 하였다.
  - 개봉 전 〈스타벅스〉 전 매장에서 포스터를 게시하고 시사회 티켓을 고객들에게 제공하였다.
  - 영화 속에서 자연스런 배경이 되어주면서 판매증진이나 이미지 개선의 효과를 얻게 되었다.
  - 〈스타벅스〉 서울 인사동점 진입. 한글로 된 간판 및 전통 기와와 창살무늬로 매장 인테리어를 구성하였다.
  - 커피와 떡, 빵을 조화시킨 퓨전 메뉴를 통한 지역화 전략을 실시하였다.
  - '커피만 파는 것이 아니라 문화 공간을 판다.' 는 마케팅전략을 실시하였다.
- 〈놀부〉
  - '놀부' 에서 떠오르는 이미지 마케팅을 이용하여 한국음식과 한국문화를 함께 선보이고 판매하는 전략을 실시하였다.

그림 8–2 문화 마케팅의 예 : 〈스타벅스〉와 〈탐 앤 탐스〉

- 음식뿐만 아니라 인테리어, 서비스 부분에서도 문화적 요소를 많이 접목시키는 마케팅전략(놀부, 돌쇠, 사또, 문화 공연 등)을 실시하였다.

■ 〈탐 앤 탐스〉 : 영화 및 공연 등의 문화 마케팅을 지속적으로 진행하여 고객 로열티를 극대화하였다.

■ (주)디즈 〈가르텐비어〉 : 영화 「해운대」시사회를 개최하는 등 문화 마케팅을 지속적으로 전개하고 있다.

■ (주)인토외식산업 〈와바〉 : 다양한 문화콘텐츠를 통해 매스티지(대중명품) 계층의 고객 경쟁력을 확보하고 문화 마케팅사업을 확대 지원하고 있다.

5) 체험 마케팅, 시식 마케팅, 이벤트 마케팅

고객 유입을 위한 프로모션활동 및 고객에게 제품을 직접 체험할 수 있는 기회를 제공해 주면서 소비자의 구매의사를 높이게끔 하는 마케팅이다. 길거리나 백화점, 대형 할인매장의 식품 코너에서 벌어지던 시식행사가 인터넷 쇼핑몰로 영역을 확대했다. 단순한 일회성이 아니라 각종 이벤트나 고객 서비스로 연결시키는 업체도 늘고 있다.

■ 〈베스킨라빈스〉 : 신제품 '쉘위댄스'를 출시하면서 미니콘에 담아 공짜로 제공하는 서비스를 실시하였다.

■ 〈아웃백 스테이크하우스〉

- 매장에 기다리는 고객들을 위해 '웨이팅푸드제도(대기 중인 고객들에게 아웃백의 메뉴 시식 기회 제공)'를 도입하였다.
- 사무실로 음식을 배달해 깜짝 파티 이벤트를 열어 주고, 추첨을 통한 '윙 서비스'를 제공하였다.

■ 〈KFC〉: '에그타르트(kiss the sweet, eggtart)' 시식행사를 도시 시민들을 대상으로 개최하였으며, 오븐에서 직접 구워 노릇한 에그 크림과 더욱 고소한 패스트리로 커피와 함께 먹기 좋은 스낵 메뉴를 구성하였다.

■ 〈동아제약〉: 신제품 숙취해소제 '모닝케어' 홍보를 위해 회식장소에 모닝케어를 배달해 주는 이벤트를 실시하였다.

■ 〈델몬트〉: 아침을 굶는 직장인들을 겨냥해 찾아가는 서비스를 진행하였다.

■ 〈피자헛〉: 대학생을 상대로 브랜드 인지도 제고 및 구매유도를 위한 광고 및 마케팅 전략을 주제로 공모전을 개최하였다.

■ 〈원할머니 보쌈〉: '보쌈의 여왕 선발' 이라는 이벤트를 개척하여 선정된 보쌈의 여왕은 6개월 동안 〈원할머니 보쌈〉의 모니터 요원으로 활동 및 견학하도록 하고, 신메뉴 시식 등의 특전 제공하였다.

■ 〈㈜매일유업〉의 '카페라떼': '빅뱅과 함께 카페라떼로 Cheer Up!' 이벤트 실시. 빅뱅 맴버에게 어울리는 카페라떼를 추천하면 경품으로 빅뱅의 브로마이드나 빅뱅의 애장품을 제공한다.

■ 기 타

- 〈스타벅스〉: 충전식 선불카드인 스타벅스카드 출시로 판촉전략을 다각화하였다.
- 〈커피빈〉: 에코백 이벤트와 기프트카드 출시를 통한 판매촉진전략을 실시하였다.
- 〈할리스〉: 베리 페스티벌 개최
- 〈엔젤리너스〉: 캐릭터 문구 상품 출시

6) 퍼주기 감동 마케팅, 가격 마케팅, 할인 마케팅

경기침체, 불황타개 등 위기극복전략의 일환으로 외식업체에서 자주 활용되고 있는 마케팅이다. 상품의 가격을 파격적으로 낮추어 고객을 매장으로 끌어들이는 전략으로, 특히 사회 전반의 경기가 어려울 때 많이 시행되고 효과를 거둘 수 있는 마케팅이다. 가격정책이고 객의 눈길을 끌고 그들의 마음을 유혹하기에 더할 나위 없이 좋은 방법이고 무엇보다 효과가 즉시 나타난다는 점에서 업체들이 선호하는 방법이기도 하다. 그러나 가격경쟁이 과도해질 경우 궁극에는 서로 제살깎기로 치다를 수 있는 문제가 있다.

불황기에 나타나는 마케팅전략 중 하나가 리필이다. 먹을 수 있는 만큼 배불리 먹을 수 있게 해주는 것이 무한리필 마케팅의 포인트이다. 특히 불황기에는 실제 많은 리필을 해서 먹지 않더라도 심리적인 만족도가 높게 마련이다. 그러나 무한리필이라고 해서 무조건 주기만 해서는 역시 효과가 제한적이고, 무조건 싼 가격에, 혹은 무조건 퍼주기만 한다고 고객이 만족하지는 않는다. 오히려 좀 더 먹고 싶다는 아쉬움 없이 먹을 만큼 푸짐히 먹기 때문에 맛에 대한 만족도가 낮을 수도 있다. 따라서 무한리필 마케팅 역시 음식맛 등 전체적인 품질 유지에 각별한 노력을 기울여야 한다.

7) 한정 마케팅

한정 마케팅이란 무제한이 아닌 일정한 조건을 다는 것으로 정해진 시간, 정해진 메뉴 등이 대표적인 한정 마케팅의 예이다. '이번 기회가 아니면 먹지 못한다' 는 메시지를 끊임없이 던지고, 고객은 메시지를 통해 희소성의 가치를 느끼며 구매한다. 한정 마케팅의 대표적인 예가 홈쇼핑으로 선택받은 사람만이 가질 수 있는 특별한 제품이라는 의미를 부여함으로써 고객의 선택을 유도한다. 이는 외식업계도 마찬가지로 오전 '10~12시까지

표 8-6 마케팅의 예

업 체	내 용
〈토니로마스〉	• 개점 10주년 1일 기념 행사 마련. 2만 3,000원짜리 '립 & 바비큐치킨' 을 10원에 판매하는 '10원 이벤트' 를 실시함
〈롯데리아〉	• 낸 돈만큼 돌려 준다' 는 판촉 이벤트 행사 실시
〈아웃백 스테이크하우스〉	• 테이크아웃 시 모든 메뉴 20% 할인 서비스 진행
〈크리스피크림〉	• 기다리는 동안 도넛을 무료로 주는 판매촉진마케팅을 커피 구매 고객에게까지 넓혀 내점 고객 확대

내점하는 10인에게만 드리는 메뉴' 라는 타이틀로 고객은 스스로 선택받은 사람이라는 특별한 의미를 부여하게 된다. 또한 누구나 즐길 수 있는 메뉴가 아니라는 이미지를 심어 주면서 고객으로 하여금 특별한 부가가치를 느끼게 해주며 브랜드의 이미지를 고취시키고 브랜드 제품에 대한 충성도를 이끌어 내는 효과가 있다. 한정 메뉴는 고급 메뉴, 훌륭한 메뉴를 제공해야 신규 고객을 단골고객으로 창출할 수 있기 때문에 좋은 재료를 사용해서 좋은 맛을 내야 한다. 즉, 한정 메뉴는 고객에게 제공하는 최고급 서비스가 되어야 한다는 것을 명심해야 한다.

- 〈쿠킨스테이크하우스〉: 매일매일 새로운 메뉴를 50인에게 제공하여 전날 내점한 고객을 다음 날 다시 재방문하게 만드는 효과를 얻는다.
- 일본의 한정 메뉴전략
  - 도쿄 〈규안〉의 함박스테이크는 고베 소의 볼 살 100%로 만들어 1일 30인분 정도밖에 만들 수 없기 때문에 희소성을 느끼게 해주는 동시에 식재관리도 용이하다.
  - 요코하마 〈소후쿠몬〉은 1일 1인분 제공하는 상어지느러미로 만든 면을 넣은 라

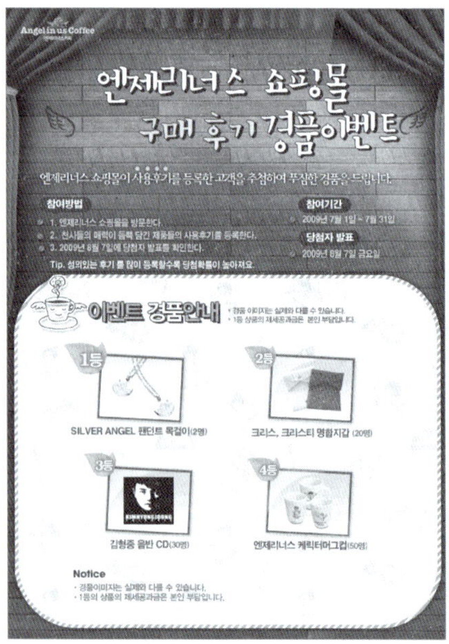

그림 8-3 한정 마케팅(아웃백스테이크하우스)과 이벤트 마케팅(엔젤리너스)

멘으로 고객에게 희소성의 가치와 더불어 고급 요리로 인식하도록 만들었다. 업소에서는 구입한 상어지느러미를 전부 사용할 수 있다는 것이 좋은 점이다.

- 〈다시마〉는 11가지의 초밥으로 구성되는 모듬초밥을 제공하여 고객들로 하여금 단품메뉴를 찾게 만들고 재방문을 유도해내는 전략을 세웠다. 한정 메뉴는 서비스 메뉴가 되는 셈이다.

■ 〈아웃백스테이크하우스〉 : 한정 메뉴로 비교적 안정적인 매출을 유지하고 있다.

8) 플러스 · 알파 마케팅

가격할인정책이 위험 요소를 지니고 있는 만큼 할인 마케팅으로 수익률을 낮추기보다는 그만큼의 비용을 새로운 데 투자해 소비자들에게 플러스 알파를 선사하는 편이 장기적으로 더 나은 결과를 가져올 수 있다는 마케팅전략이다.

(1) 경품 마케팅

신제품 홍보, 연말연시 감사 등을 위한 방안의 일환으로 시작된 경품 마케팅은 연중 끊이지 않는 상시 이벤트로 자리를 잡았고 어려운 시장상황을 타개할 수 있는 주요 수단이 될 수 있다.

■ 퓨전 주점 〈피쉬앤그릴〉 : 2007년, 여름 휴가비를 지원해 주는 현금 마케팅을 진행하

엔터테인먼트 마케팅(스포츠 & 비어 〈서유기〉)

원스톱 마케팅(〈카페 띠아모〉 PC 존)

그림 8-4 플러스 · 알파마케팅의 예

였다.

■ 〈도미노피자〉

- 연극, 해외여행 등 다양한 경품이 걸린 이벤트 실시
- 음식문화체험을 할 수 있는 기회 제공
- 무료로 피자를 나눠주는 파티카 이벤트 실시
- 월 1회 무료 피자파티 실시

(2) 원스톱 마케팅

한 곳에서 모든 것을 처리하도록 하는 원스톱 서비스 마케팅전략이다. 외식업계도 단순히 먹고 마시는 공간을 넘어 이제 문화를 만끽하는 공간으로 진화되고 있다. 카페가 식사 후 디저트로 커피 한 잔을 마신다거나 누구를 기다리기 위한 수단을 벗어나 차를 마시면서 책을 읽고, 미술품 등 전시회도 감상하는 복합 문화공간으로 만들어 고객에게 플러스 알파를 주는 것이다.

■ 〈디쵸코렛〉서래마을점' : 갤러리 카페로 업그레이드하였다.

■ 〈카페 띠아모〉 : 최근 트랜드에 맞춰 '북 존' 과 'PC 존'을 구성하여 멀티 카페로 자리매김하였다.

(3) 엔터테인먼트 마케팅

외식업에서도 고객들에게 재미를 느끼게 해준다는 것이 중요한 포인트가 되어 음식을 먹을 때든 술을 마실 때든 식문화에 재미가 더해진다면 더 좋은 마케팅이 될 수 있다.

■ 〈스포츠 & 비어 서유기〉 : 스포츠 엔터테인먼트와 맥주를 결합하여 다양한 이벤트를 진행하였다.

■ 〈재미스〉 : 온가족이 함께 할 수 있는 즐거움을 선사한다는 콘셉트로 매장을 꾸며 아이들을 위한 공간을 많이 둠으로써 부모의 부담을 줄임과 동시에 가족나들이를 온듯한 재미를 제공하고 있다.

9) PPL 마케팅, 협찬 마케팅

드라마를 통한 간접광고(Product Placement : PPL)가 외식업의 주요 마케팅기법으로 주목을 받고 있다. PPL이 주목을 받는 가장 큰 이유는 노출을 극대화할 수 있다는 것이다. 비용 대비 홍보효과가 광고에 비해 월등히 높고 또한 다양한 노출 형태, 상업성 없이 자연스러운 노출효과를 통해 고객들이 거부감 없이 받아들인다는 데 더욱 큰 효과가 있다.

- 「대장금」: 〈대장금 한정식〉은 '임금님 밥상', '수라상 상차림', '장금이 수라상차림' 메뉴를 선보이고 있다.
- 「커피프린스」: 드라마에 소개되었던 커피 관련 메뉴 마케팅을 선보였다.
- 「꽃보다 남자」: 〈본죽〉은 주인공의 아르바이트 장소로 브랜드 노출하여 PPL 효과를 극대화하였다.
- 「E.T」: 〈m&m〉 초콜릿
- 「거침없이 하이킥」: 〈(주)교촌 F & B〉
- 「쩐의 전쟁」: 본아이에프(주)는 메뉴 노출 및 바 협찬 등의 PPL 마케팅을 진행하였다.
- 「시티홀」: 〈멕시카나치킨〉 매장 노출로 인한 효과로 효율적인 투자가 진행되었다는 평가. 멕시카나 치킨은 드라마 「시티홀」의 제작비를 지원함으로써 불특정 다수를 대상으로 브랜드 노출효과 창출하였다.
- 「돌아온 뚝배기」, 「찬란한 유산」: 〈신선설농탕〉은 극중 '진실설농탕' 으로 연출되어 전반적으로 브랜드 인지도 구축 및 매출증대에 긍정적인 효과 얻었다. 그로 인해 장인정신이 빛나는 브랜드로 인식되었다는 평가를 받고 있다.
- 「결혼 못하는 남자」: 〈죽 이야기〉는 드라마 「결혼 못하는 남자」 협찬을 통해 주요 상품을 간접적으로 노출시킴으로써 브랜드 인지도 상승효과를 높였다.
- 〈빕스〉: '내가 만드는 맛있는 스토리' 를 슬로건으로 하는 광고를 통해 가족과 함께 가는 뷔페레스토랑이라는 이미지 대신 '젊고 새롭고 활기찬 빕스', '내가 가는 곳 빕스' 로 리포지셔닝하였다.
- 〈(주)놀부 NBG〉: 놀부부대찌개에 'F4사리' 를 출시하고 적극적인 TV 광고를 통해 홍보효과를 극대화함. 최근에는 「선덕여왕」 PPL을 통해 브랜드 호감도를 높이고 있다.

10) 웰빙 마케팅, 그린 마케팅

요즘 트렌드 중의 하나인 '웰빙' 을 부각시켜 건강과 영양에 대해 관심이 많은 다양한 고객층을 유치하기 위한 마케팅이다. 외식업체들은 이를 위해 신선한 재료선택에서부터 고객이 선호하는 건강에 좋은 조리법 연구를 통한 신메뉴를 계속적으로 출시하고 있다. 또한 아이들이 햄버거를 지나치게 좋아하는 것에 대한 부모들의 걱정을 간파한 패스트푸드업계는 한국의 전통적 먹거리인 김치를 이용한 메뉴를 개발하는 마케팅전략을 세우고 있다.

■ 〈롯데리아〉

- '우리김치버거' 출시(김치 본래의 맛을 최대한 살린 김치볶음 소스와 김치패티를 이용한 제품, 김치와 햄버거의 접목)
- 새로운 맛을 추구하는 신세대, 느끼한 맛을 싫어하는 여성층과 중장년층에게도 반응이 좋은 메뉴 마케팅전략을 세워 실시하고 있다.

■ 〈사보텐〉 : '김치와 돈까스의 결합'

■ 〈성신제 피자〉 : '김치 프리미엄피자(발효음식인 김치와 치즈를 조화시킨 메뉴)' 출시

■ 〈태능 배갈비〉 : 유기 농산물 사용 인증 음식점. 국내산 식자재만 고집, 유기농산물 사용으로 인한 식자재 가격의 부담을 직접 장을 봐서 유통마진을 줄이고, 최상의 상품을 엄선하는 노력으로 가격대비 최고의 질을 자랑하는 식자재를 선보이고 있다.

■ 〈한옥맛집〉 : 전국의 제철 식자재와 특산물을 이용한 다양한 요리로 고객들의 미각을 충족시키고 있음. 음식과 함께 우리의 문화를 즐기고자 경기민요나 한국무용 같은 공연도 선보이고 있다.

■ (주)다영푸드의 오리전문점 〈신토불이〉

- 경영정신은 3정(정위치 · 정품 · 정량), 5S(정리 · 정돈 · 청소 · 청결 · 습관화)로써 정직한 품질의 제품을 안전하게 생산하기 위해 선정한 것이다.
- 무결점 원스톱시스템으로 원료의 입고에서부터 제품의 유통까지 모든 과정을 체계적인구조하에 관리하여 최상이 품질 유지에 만전을 기하고 있다.

■ 〈(주)본아이에프〉의 '닥터 이유식죽' : 월령에 맞게 아기들이 골고루 영양을 섭취할 수 있도록 시기별로 18가지 메뉴를 구비해 차별화를 두고 소아과 전문의사의 자문을

그림 8-5 웰빙 마케팅의 예(〈죽이야기〉, 〈빨간모자피자〉)

받아 성장과 영양, 트러블 등을 고려해 전문성을 강화시키고 있다.

■ 〈빨간모자피자〉 : '오거닉피자' 로 브랜드를 차별화하여 건강한 피자로 인지도를 형성하고 유기농 피자 브랜드로서의 인지도를 더욱 확고히 한다는 전략을 세워 실시하였다.

■ (주)오투스페이스 〈아딸〉과 〈산소웰빙카페〉

- 〈아딸〉 : 분식 브랜드 중 최초로 HACCP 인증을 받은 업체로서 전 매장에 대해 먹을거리 청정구역을 선포해 위생 및 안전성을 강조하였다.
- 〈산소웰빙카페〉 : 'returm to nature' 를 로고로 자연을 콘셉트로 하여 웰빙 메뉴뿐만 아니라 그 음식의 재료상태, 음식이 제공되는 공간 역시 철저히 자연 그대로의 모습을 조성한다는 전략을 세워 실시하고 있다.
- 100% 식물성 기름, No 환경호르몬, No 유해식품첨가제, No 화학조미료, 100% 냉동냉장

그림 8-6 웰빙 마케팅의 예(비타민 도넛)

물류시스템 구축 실현으로 바른 먹을거리라는 브랜드 이미지를 구축하였다.

■ 〈던킨도너츠〉 : 유산균과 멀티비타민을 도넛과 결합한 이색 웰빙 제품인 비타민 도넛을 출시하였다.

11) 윈윈 마케팅, 제휴 마케팅

파트너십 마케팅이라고도 하는데 윈윈 마케팅은 전략적 제휴의 업그레이드된 형태로 두 개 이상의 브랜드가 상호 이익이 될 수 있는 부분의 제휴 및 협력을 취하는 것을 의미한다. 윈윈 마케팅은 외식시장에서 가격 할인 등의 나홀로 마케팅이 유발할 수 있는 제살 깍아먹는 역효과 없이 비용 대비 효과를 극대화할 수 있다. 특히 타깃 대상이 일치하는 타 업체와의 제휴를 통해 고객층을 넓히는 한편 상호간에 브랜드 이미지를 높일 수 있는 마케팅전략을 통해 시너지효과를 얻을 수 있다. 예를 들어 패밀리 레스토랑과 이동통신사와의 제휴 프로그램을 통해 할인율을 적용함으로써 고객을 유치하고 고객층을 확대시키는 전략이 있다.

■ 〈(주)다영 F & B〉의 '하이브리드 채널 마케팅' : 〈국순당〉 백세주를 비롯해 뮤지컬 공연, 정관장 멤버십 서비스, 여행사 · 홈쇼핑 등과의 제휴 마케팅을 통해 온 · 오프라인으로만 구분되었던 브랜드 홍보 활로에 새로운 시각으로 접근하여 전국 매장 내 쿠폰 서비스와, 제휴 업체와의 윈윈 마케팅을 진행하였다.

■ 커피전문점의 브랜드 인지도를 활용, 식품 유통업체의 프리미엄 커피 제품을 론칭(〈스타벅스〉와 〈동서식품〉, 〈할리스〉와 〈웅진식품〉, 〈엔젤리너스〉와 〈롯데칠성음료〉, 〈탐앤탐스〉와 〈광동제약〉, 〈일리〉와 〈코카콜라〉, 〈커피빈〉과 〈매일유업〉, 일본커피 브랜드인 〈도토루〉와 〈서울우유〉).

■ 〈(주)멕시카나〉 '멕시칸치킨' : 치킨 업계 최초로 OK캐시백 서비스를 개시하여 OK캐시백 제휴 서비스를 확대하고 있다.

12) 스타 마케팅

대중적인 스타를 투입하여 광고효과를 거두는 마케팅과 스타가 직접적으로 업체 운영에 적극 관여하는 마케팅이다. 제공되는 음식뿐만 아니라 스타의 캐릭터 및 상호가 새겨진 여러 가지 상품들도 구매하도록 유도한다.

- 〈카페베네〉 : 스타 마케팅을 통해 국내는 물론 동남아시아 등 해외 시장에도 공격적으로 진출한다는 전략을 세워 실시하였다.
- 〈굽네치킨〉의 '소녀시대'를, 〈핫썬치킨〉은 '김현중'을 브랜드화하였으며, '교촌치킨'은 슈퍼주니어를 통해 매출 신장과 브랜드 인지도상승 효과를 얻었다.

13) 고객밀착 마케팅, 1 : 1 마케팅

경기불황으로 외식소비에 들어가는 비용을 줄이고, 제한된 금액을 효과적으로 소비하고자 하는 고객 유치 및 고객로열티를 높이고자 하는 마케팅전략이다. 불황기일 수록 신규 고객 창출이 어려운 점을 고려해 기존 고객의 로열티를 높이는 데 초점을 맞추는 마케팅 트랜드 중의 하나이다. 특히 브랜드 충성도가 높은 마니아층일수록 1 : 1 고객 서비스가 효과적이다. 웹상에 카페나 클럽 등을 만들어 고객들이 자유롭게 의견을 제시하고 다양한 이벤트나 프로모션에 참여할 수 있도록 하여, 고객들이 해당 브랜드에서의 존재감을 뚜렷하게 느낄 수 있도록 유도하는 것이 효과적이다. 더불어 과거 일률적인 DM 발송 등에서 벗어나 보다 세분화된 CRM을 구축, 고객 밀착 마케팅 기반을 만들어 놓는 것이 중요하다.

14) 신뢰 마케팅

고객의 신뢰는 외식업 운영에 있어 가장 중요한 기반이다. 예를 들어, 먹을거리의 안전성 문제는 언제 어디에서 발생할지, 그 여파가 어느 정도일지 가늠하기 어려운 불확실한 변수라는 점에서 신뢰마케팅은 외식업체마다 염두에 두어야 할 주요 마케팅전략이다. 외식업 환경을 둘러싼 예측 불가능한 변수를 제외하고라도 잔반 재사용 금지를 철저히 지키는 등 고객들에게 신뢰를 주는 것이 중요하다.

그림 8-7 제휴마케팅의 예(〈웅진식품〉과 〈할리스〉)

그림 8-8 복고마케팅을 적용한 〈새마을식당〉

15) 복고 마케팅, 향수 마케팅

제품 및 서비스의 수준이 동질화되면서 차별화 포인트로 감성 마케팅이 주목을 받고 있다. 이런 다양한 감성 마케팅 중에 최근 향수에 어필하는 복고 마케팅이 늘고 있다. 복고 마케팅은 과거에 선보인 제품이나 서비스를 다시 유행시키는 것이기 때문에 과거로 회귀한다는 의미에서 레트로(retro) 마케팅이라고 한다. 혹은 리바이벌(revival) 또는 컴백(comeback) 마케팅으로 불린다. 이것은 불경기일 수록 옛 것에 대한 향수가 진해지는 현상을 반영한 향수마케팅으로서 특히 중년층을 타깃으로 하는 외식업체에서 두드러지게 나타난다. 20~30년 전의 기억을 회상시키고 아련한 향수를 일으켜 구매를 유도하는 것이다. 반면 복고마케팅은 단순히 과거의 것을 재현한 것이 아니라 과거에 현대적인 것을 접목한 것이어야 더욱 효과적이다.

- (주)더본코리아 : 〈새마을식당〉은 대중성을 띤 메뉴로 폭 넓은 고객층을 확보하는 한편 전문점 형태로 차별화된 인지도를 형성하였고 더불어 복고풍 인테리어가 향수 마케팅 요소로 작용함에 따라 부담없이 즐기는 대중음식점으로 자리매김하였다.
- 〈삼양〉라면 : 〈삼양라면〉은 '삼양라면 더 클래식' 이라는 과거의 추억과 향수를 자극하는 신제품 생산과 이의 효과를 높이기 위한 인기연예인을 이용한 광고전략을 통해 과거의 명성을 찾고자 하였다.

■ 〈스타벅스〉의 옛 갈색 로고 향수마케팅 : 〈스타벅스〉는 매출부진의 위기를 극복하기 위해 '파이크 플레이스 커피' 등 일부 음료에 시범적으로 1971년 창립 당시 사용했던 커피와 비슷한 갈색의 로고가 찍힌 컵을 사용하도록 하는 향수 마케팅전략을 내세우고 있다. 또한 경영에 다시 복귀한 하워드는 옛 로고로 미국인들의 향수를 자극하여 〈스타벅스〉의 과거 영광을 되찾고자 과거회귀로의 전략을 세워 실시하고 있다.

5. 외식산업 마케팅의 역사

생계수단으로 시작했던 식당이 기업화 단계에 이르게 되면서 마케팅도 단순한 판매전략에서 벗어나 획기적이고 기발한 판촉전략과 서비스 품질관리 등의 형태로 발전해 갔으며, 이러한 마케팅전략은 브랜드 이미지를 더욱 공고히 해줄 뿐만 아니라 매출에도 직접적인 영향을 미치게 되었다.

1) 1985~1989년(직접적인 광고에서 마케팅의 부각)

1980년대 중반부터 외식업체를 찾던 고객들이 달라지기 시작했다. 단순히 허기진 배를 채우기 위해 외식업체를 찾는 것이 아니라 새롭고 안락한 분위기를 즐기고 쾌적한 환경과 수준 높은 종사원의 인적 서비스까지 갖추어진 업체를 집중적으로 선호하게 된 것이다. 이에 따라 외식업계도 판매촉진 개념을 도입하여 단순히 품질이나 가격 등의 직접적 측면에서 고려되는 미시적 마케팅에서 사회형태학적 측면을 고려한 판매촉진전략을 전개하는 거시적 마케팅으로 변화했다. 88올림픽을 계기로 1980년대 중후반 외식업계는 마케팅의 혁신시대를 맞이했음은 물론 치열한 경쟁시대에 돌입하게 되었다. 이 시기에 여성의 경제권 상승으로 여성마케팅이 등장하고 판촉메뉴, POP 위력을 발휘하게 되었다.

(1) 여성마케팅

1980년대 후반 외식시장에 여성의 영향력이 커졌다. 직장여성이 증가하고 주부의 경제주도권이 높아짐에 따라 외식업체 선택에 있어서 여성이 차츰 주체성을 가시기 시작한 것이다.

예 스탬프 서비스, 서비스카드 등의 판촉전략, 요리강습회 겸 시식회, 여성고객 취향에 맞는 인테리어와 실내 분위기 조성, 가격과 품질을 고려한 메뉴구성과 다양한 맛을 제공하는 세트요리, 구전의 위력을 활용하는 방법 등

(2) POP 마케팅

업체들 간 경쟁이 치열해짐에 따라 다른 업체와 차별화를 꾀하고 적극적으로 고객을 끌어들이기 위해 정문에 신메뉴 및 주력메뉴 홍보, 마케팅 내용을 알리는 POP(Point of Purchase)를 활용한 것이다.

예 포스터, 입간판, 현수막 등의 이용, 고객 타깃에 따라 차별화된 문구 사용과 일러스트, 컬러사진 들을 활용하는 방법 등

2) 1990~1994년(브랜드 인지도 향상을 위한 이미지 광고 강세)

TV뿐만 아니라 인쇄매체, 옥외광고 등 각종 광고의 홍수 속에서 광고로 승부를 걸고 있는 외식업체들이 증가하는 움직임을 보였다.

(1) 프로모션, 이벤트 등 문화 마케팅

90년대 들어서면서 패스트푸드 브랜드들은 프로모션과 이벤트 등 문화마케팅에 주력했다.

예 계절별 판촉행사, 영화사와 제휴한 홍보, 인기연예인 콘서트나 자체 내의 프로그램 마련, 놀이공간 마련 등 각기 메뉴와 고객특성을 거려한 적절한 홍보전략 등

(2) 멤버십카드 할인서비스 등 제휴 마케팅

새로운 고객창출이라는 매력 때문에 외식업체는 카드업계와 제휴를 맺고 멤버십카드 할인서비스를 실시했다. 카드업계는 외식업체의 회원 가이드북을 통해 홍보효과를 거두며, 외식업체는 멤버십카드를 통해 새로운 고객을 창출하는 윈윈전략을 꾀했다.

3) 1995~1999년(IMF로 인한 실속 마케팅으로의 전환)

95년 우리나라 외식산업은 정치, 경제, 사회적으로 다소 불안한 가운데 97년 말 IMF체제에 돌입, 실속 있으면서도 효과적인 마케팅 전략을 구사했다. 각 외식업체들은 신규고객 창출보다는 단골 고객을 위한 전략을 적극적으로 모색하는 한편 자사 상품의 기본이미지를 강조하여 단순하고 일관된 실속마케팅을 적극적으로 진행했다. 가격절약형 소비패턴이 확산되면서 외식업계에도 가격파괴 바람이 불었다. 또한 종전 가격에 양을 더 많이 주거나 단품가격을 세트화하여 풍성하게 메뉴를 구성, 객단가를 내리지 않고도 품질과 서비스로 고객을 만족시키는 곳들이 늘어났다.

피자업계는 중저가전략으로 매출 상승 극대화를 노린 한편 패스트푸드 업계는 원가절감을 위해 전 매장 공동 프로모션 대신 각 점포별 특성에 적합한 개별 프로모션을 진행하는 등 일정 연령층의 고객을 집중 공략하는 타깃 마케팅에 눈을 돌렸다.

(1) 인터넷, PPL 마케팅 활성화

각 업체별 홈페이지 개설을 확산시켜 고객에 대한 서비스 차원과 미래의 잠재고객 확보라는 장기 전략을 실시하였다. PPL은 상품을 영화이야기 속에 자연스럽게 넣거나 배우가 한 회사의 제품을 계속 쓰게 유도함으로써 간접광고 효과를 내는 것인데, 외식업계는 드라마의 주요무대로 외식업소를 활용하거나 브랜드를 노출시키는 형태로 판촉을 진행하였다.

(2) 독특하고 다양한 마케팅 전략

마케팅의 중요성이 커지면서 각종 판촉활동을 벌이기 시작했다.

예 멤버십회원제 운영, 생일 맞은 고객 즉석사진 촬영, 원넘버서비스, 주문 후 일정 시간 내 배달 서비스, 유명인의 방문사진 전시 등

4) 2000~2004년(마케팅의 다양화)

이 시기에는 다양화되고 세분화된 고객의 요구에 발맞춰 기존 외식업체에서 볼 수 없었던 새롭고 다양한 마케팅 기법이 등장하였다. 외식업체는 고객 타깃을 세분화하는 동시

에 홍보와 가격, 서비스 등을 다양화하는 등 공격적인 마케팅으로 고객몰이에 주력했다.

(1) 스포츠 마케팅

2002년 월드컵 및 아시안 게임 개최를 계기로 스포츠 마케팅이 그 어느 때보다 활발하게 진행되었다.

예 월드컵 신메뉴 출시, 외국어 메뉴명 표기, 직원 영어교육 등 외국인 고객 맞이에 주력

(2) 요일별 마케팅

주 5일제 근무 확대실시로 라이프스타일 자체가 바뀌면서 외식 트렌드의 변화, 가족중심의 패러다임이 강화된 가운데 이를 겨냥한 주 5일 마케팅이 부상했다.

예 키즈 마케팅, 펀(fun) 마케팅, 금요 마케팅, 주말 마케팅 등

(3) 천 원 마케팅

2004년에는 천 원 마케팅이 외식업계를 강타했다. 길거리 음식으로부터 시작해 패스트푸드업계까지 이에 동참하면서 주류를 이루게 되었다.

(4) 1 : 1 마케팅

마케팅의 대상이 대중에서 특정 개인으로 바뀌었으며 방법 역시 무차별적 마케팅에서 DB 마케팅의 시대로 접어들었다. 고객과의 쌍방향 의사소통을 통해 고객의 특성을 파악하고 고객별로 차별화된 가치를 제공함에 따라 외식업계의 시장점유율이 아닌 고객 점유율이 마케팅 성과 측정지표로 떠올랐다.

5) 2005~현재(가격 파괴 마케팅과 VVIP 마케팅의 공존, 온라인 마케팅, 프로슈머 마케팅의 등장)

소비침체가 장기화되면서 외식업계에는 초저가와 초고가 전략이 공존하는 마케팅 양극화 현상이 나타났다.

(1) 가격 파괴 마케팅

경기불황이 장기화됨에 따라 외식업계에서는 저가, 할인, 덤, 쿠폰, 공짜 등 싼 값을 이용해 고객들을 끄는 마케팅을 펼쳤다.

예 제휴를 통한 높은 할인율 적용, 무한리필 마케팅, 저가정책 마케팅 등

(2) VVIP 마케팅

경기불황에도 외식업체를 선택함에 있어 가격보다 가치를 우선순위로 놓는 VVIP 고객을 선별하여 밀착서비스에 주력, 방문횟수 상승, 객단가 상승, 동반고객을 통한 입소문 등의 효과를 냈다.

(3) 개인미디어 마케팅

개인 미디어는 마케팅에 활용하기가 용이해 외식업체들에게 브랜드를 홍보하는 중요한 마케팅 코드로 활용되기 시작했다.

예 개인 미디어 '블로그' 이용 마케팅 등

(4) 에코 마케팅

사회 전반에 걸쳐 친환경, 에코(eco)에 대한 인식이 높아지면서 외식업계에도 친환경 레스토랑에 대한 니즈로 나타난 것이다.

(5) 대기고객 관리 마케팅

패밀리레스토랑을 중심으로 한 외식업계가 대기고객 관리에 주력하기 시작했다.

예 웨이팅 푸드 마련, 휴대폰 SMS, 페이저 서비스, 해피콜 서비스

(6) 온라인 마케팅

빠른 시간 내 홍보효과를 극대화 시킬 수 있는 특징을 갖는 온라인 마케팅이 중요한 마케팅 수단이 되었다.

예 트위터 마케팅, 스마트폰 마케팅 등

(7) 스포츠 마케팅

브랜드 노출 전략에 있어 스포츠 분야는 외식업체와 궁합이 잘 맞는 분야 중 하나이다. 이에 외식업계는 스포츠 종목과의 제휴를 통한 브랜드 홍보를 진행했다.

예 2010년 월드컵 연계 마케팅(맥도날드, 돈치킨 등), 스포츠 스타 마케팅, 야구 마니아 타깃 마케팅, 로컬 스포츠 마케팅 등

(8) 오감 만족 마케팅

외식문화가 선진화되고 고객의 눈높이가 높아짐에 따라 맛뿐만 아니라 모든 감각을 자극해 고객에게 깊은 인상, 감동으로 시너지효과를 내는 마케팅이 확산 되었다.

예 셀프 메이드 케이크 카페 및 이색 캐릭터 카페의 등장, 복고와 빈티지 스타일의 다방 등장 등

(9) 이미지 마케팅

최근 외식업계 윤리경영과 사회공헌활동 등을 통해 좋은 업체라는 이미지를 개선하기 위한 노력이 다양하게 이루어졌다.

예 시식차량으로 치킨 나눔행사, 식재료 공급 지역사회와의 연계, 사회공헌 재단 설립, 음식문화 축제로 지역경제 활성화 견인 등

(10) 테마 마케팅

외식업체에서는 고객을 끌어들이기 위해 재미와 감동이 있는 테마 마케팅을 전개하였다.

예 이색체험 마케팅, 덤 마케팅, 스타 매장 PDP를 통한 광고 마케팅, 다양한 이벤트 마케팅 등

(11) 프로슈머 마케팅

고객만족을 넘어 고객감동, 이제는 고객감동을 뛰어 넘어 고객참여의 시대로, 고객을 왕처럼 대하면서 감동을 주는 것에서 벗어나 그들의 목소리를 듣고 그들이 원하는 것을 만들어 서비스하기에 이른 것이다. 이는 소비자들이 기업의 마케팅 활동에 적극적으로 개입하고 있다는 것이다. 이른바 프로슈머(prosumer)들인데, 이는 생산자(producer)와 소

비자(consumer)가 합쳐진 말이다. 말 그대로 소비자가 직접 생산과 소비 활동에 관여한다는 의미인데, 이들은 자신들의 요구사항이나 불만사항들을 기업에 전달함으로써 적극적으로 반영될 수 있도록 주도한다. 프로슈머들은 커뮤니티를 통해 자신의 정보와 느낌을 공유해 기업의 마케팅 활동에 적극적으로 개입하는 것이다. 특히 외식업과 같이 생활과 밀접한 업종의 경우 프로슈머를 활용하여 최소의 비용으로 최고의 고객만족의 효과를 창출하는 경제원칙에 가장 근접한 마케팅이 될 수 있다.

예 고객 체험단 활용 마케팅, 일반인 홍보전속 모델 기용 마케팅, 아이디어 공모전 마케팅, 고객 마케터를 활용한 홍보 마케팅 등

부록

메뉴의 예 1 : 시골밥상 〈흙시루〉

먹거리 (お食事/Foods)

주요리 メ-イン メニュ-

시골밥상 (3인이상)	Sigol Bapsang (Dishes prepared in a country style) (More than 3 persons) /シゴルバッサン(田舎の食膳)	₩ 6,000
〃 (2인상)	Sigol Bapsang (Dishes prepared in a country style) (More than 2 persons) /シゴルバッサン(田舎の食膳)	₩ 15,000
흙시루밥상	Heuksiru Bapsang (Dishes prepared in an ordinary korean style)	₩ 10,000
2인상		₩25,000
오리황토 가마구이 (포장판매 됩니다)	Ori Hwangto Gamagui (Duck cooked in yellow-soil kiln) /オリフアントカマグイ(家鴨の黄土かま焼き)	₩ 30,000
오리한방백숙	Ori Hwanbank Baeksuk (Boiled duck stuffed with rice and ginseng)	₩ 30,000
유황오리 훈제구이(大)		₩45,000
(中)		₩23,000
보쌈 (大)	Bossam (Food wrapped in korean cabbage and other seasoned vegetables)(L) /ボサム(漢薬で煮んだ豚肉をキムチと野菜で包んで)	₩ 15,000
〃 (中)	Bossam (Food wrapped in korean cabbage and other seasoned vegetables)(M) /ボサム(漢薬で煮んだ豚肉をキムチと野菜で包んで)	₩ 10,000
동래파전	Dongnae Pajeon (Pancake fried with scallions and seafood) /ドンネパジョン (ネギと海産物のお好み焼)	₩ 7,000
도토리묵	Dotorimuk (Acorn jelly) /ドトリムク(どんぐりのゼリ-	₩ 4,000

단품요리 単品料理(一品料理)

논고동찜	Nongodong Jjim (Steamed dishes with spiral shellfish from rice field) /ノンゴドンチム(田にし蒸し)	₩ 15,000
소라고동무침	Soragodong Muchim (Seasoned conch and spiral shellfish with vegetables) /巻貝の知えもの	₩ 15,000
버섯회	Beoseokhoe (Sliced raw mushroom with vegetables) /きのこのさしみ	₩ 10,000
모듬쟁반 막국수 (大)	Modeum Jaengban Makguksu (Assorted spicy buckwheat noodles with vegetables) (L) /冷そば五菜盛り	₩ 20,000
〃 (中)	Modeum Jaengban Makguksu (Assorted spicy buckwheat noodles with vegetables) (M)/冷そば五菜盛り	₩ 15,000

세트메뉴 セットメニュ-

오리황토가마구이 + 버섯회 Ori Hwangto Gamagui +Beoseokhoe (Duck cooked in yellow-soil kiln + Sliced raw mushroom with vegetables) 家鴨の黄土かまき + 焼きのこのさしみ セット	₩ 38,000
열무국수(가마구이, 훈제구이 드신분에 한함)	₩3,000

메뉴의 예 2 : 〈파크뷰커피숍〉의 날마다 새로운 메뉴

PARKVIEW COFFEE SHOP 파크뷰 커피숍

날마다 새로운 메뉴

파크뷰에는 매일 매일 새로움이 있습니다.
날마다 달라지는 파크뷰 데일리 메뉴 — 새로운 것과 만날 때 마음은 신선해집니다.

- 특선 정식 코스 ········· ₩ 16,000
- 커피나 차를 곁들인 메인요리 ········· ₩ 10,000

*장소 : 커피숍 파크뷰(1층) *문의 및 예약 : 230-3374 * 10%의 세금과 10%의 봉사료가 가산됩니다.

New Pleasure, New Cuisines...

There is a saying that "Variety is the spice of life." And now there is something new every day in the Parkview. We change the daily menus each day so that your spring will have great variety.

Three-Course Menu . . . . ₩ 16,000
Main Course With Coffee or Tea . . . . ₩ 10,000

* Place: The Parkview Coffee Shop (Lobby Level)
* Reservations: 230-3374
*10% tax and 10% service charge will be added.

메뉴의 예 3 : 프랑스식당 〈라 콘티넨탈〉의 메뉴

La Continentale CUISINE FRANÇAISE 불란서식당 라 콘티넨탈

베르사이유의 낭만 그대로 —

잎이 가장 연한 회향풀로 향을 낸 콘소메, 야생동물만이 찾아 내는 검은 딸기 버섯, 수분을 많이 함유한 생선으로서 익혀도 단단해지지 않는 농어는 라 콘티넨탈에서만 맛볼 수 있는 기쁨입니다.
불란서 요리의 정취를 놓치지 마시기 바랍니다.

- 주방장 특선 메뉴 'A' …………………… ₩ 55,000
- 주방장 특선 메뉴 'B' …………………… ₩ 48,000

*장소 : 불란서식당 라 콘티넨탈 (23층) *문의 및 예약 : 230-3369 *10%의 세금과 10%의 봉사료가 가산됩니다.

Bringing You The Romance of Versailles

Sweet consommé with the softest leaves of fennel grass, black strawberry mushrooms that are extremely difficult to find, and sea-bass mousse. These delicious dishes in La Continentale will make you think that you are in the palace of Versailles.

Suggestion of the Chef . . . . ₩ 55,000
Menu of Spring . . . . ₩ 48,000

* Place: La Continentale French Restaurant (23rd floor)
* Reservations: 230-3369
*10% tax and 10% service charge will be added.

메뉴의 예 4 : 일식당 〈아라아께〉의 메뉴

일식당 아리아께

메뉴의 예 5 : 이탈리아식당 〈폰타나〉의 메뉴

LA FONTANA
Ristorante Italiano 이태리식당 라 폰타나

메뉴의 예 6 : 한식당 〈서라벌〉의 메뉴

메뉴의 예 7 : 중식당 〈팔선〉의 메뉴

八仙 CHINESE RESTAURANT PALSUN 중식당 팔선

메뉴의 예 8 : 메인바 〈레인보우〉의 메뉴

Main Bar
RAINBOW 메인바 레인보우

딸기 칵테일 축제

딸기가 술을 먹었습니다. 진(Gin) 을 만나 스트로베리 돈(Dawn)
하얀 와인과의 데이트, 스트로베리 쿨러, 아이스크림과 함께라면,
스트로베리 스머프. 레인보우에서는 딸기도 예술품이 됩니다.
4월 20일부터 9월까지, 저녁 6시에서 7시 30분 사이에
오시는 분들에게 특별한 즐거움을 선사할 예정입니다.

●스트로베리 돈(Dawn) ●스트로베리 스머프 ●스트로베리 쿨러
●생딸기 주스 ······································ ₩ 6,500

*장소 : 메인바「레인보우」(1층) 로비라운지(1층)
*문의 및 예약 : 230-3388
* 10%의 세금과 10%의 봉사료가 가산됩니다.

Strawberry Cocktail Festival

It's time for strawberries again!
So, try some of our delicious strawberry drinks, such as:
Strawberry Dawn, which mixes gin and strawberry juice, or
Strawberry Cooler, which mixes white wine and
strawberry juice, or Strawberry Smurf, which mixes
strawberry ice cream and strawberry juice.
Whatever you order, it will be a strawberry masterpiece!
From April 20 through September, we will have a special
"Happy Hour" from 6:00 to 7:30 p.m. every evening.

* Place: The Rainbow Main Bar (Lobby Level)
* Reservations: 230-3388
*10% tax and 10% service charge will be added.

메뉴의 예 9 : 〈베이커리 숍〉의 메뉴

메뉴의 예 10 : 〈라폰타나〉의 미식가 특선

Gourmet Menu

미식가 특선

Insalata d'Astice alle Verdure Croccanti
Fresh Lobster Salad with Crispy Lettuce
바닷가재 샐러드

Spaghetti d'Astice alla "Fra Diavola"
Spaghetti with Live Lobster Diavola Style
바닷가재 소스의 스파게티

Astice dello Chef
Live Maine Lobster "Chef's Special"
주방장 특선 바닷가재

Insalata d'Avocato di Stagione
Mixed Salad with Avocado
아보카도를 곁들인 야채 샐러드

Pesche all'Aceto Balsamico
Peach Marinated with Balsam and Ice Cream
아이스크림을 곁들인 복숭아 절임

Caffè o Tè
Coffee or Tea
커피 또는 홍차

₩ 50,000

10% service charge & 10% tax will be added.
10%의 봉사료와 10%의 세금이 가산됩니다.

메뉴의 예 11 : 〈라폰타나〉의 메뉴 1(전채요리, 스프, 파스타, 스파게티, 육류요리)

Antipasti / 전채요리

1. Carpaccio di Filetto al Tartufo e Parmigiano .... ₩ 9,500
   (Thin-sliced raw beef tenderloin with truffles and parmesan cheese)
   치즈와 송로버섯을 곁들인 이태리식 육회
2. Pesce Spada Affumicato al Limone e Laudemio .... ₩ 12,000
   (Sliced smoked swordfish with olive oil and lemon)
   라우데미오 오일과 레몬으로 맛을 낸 훈제 황새치
3. Mozzarella di Bufala Fritta al Passato di Pomodoro .... ₩ 9,500
   (Deep-fried buffalo mozzarella cheese with tomato coulies)
   신선한 버팔로 모짜렐라 치즈튀김
4. Crostoncino in Guazzetto alle Vongole Veraci .... ₩ 6,500
   (Sautéed clam meat on croutons with fresh herbs and white wine)
   향초로 맛을 낸 조갯살요리
5. Insalata d'Astice alle Verdure Croccanti .... Current Price
   (Fresh lobster salad with crispy lettuce)
   바닷가재 샐러드
6. Prosciutto di San Daniele e Funghi Porcini Sott'olio .... ₩ 9,000
   (San Daniele ham with fresh cepe mushrooms marinated in olive oil)
   버섯을 곁들인 산다니엘레 생햄
7. Scelta di Antipasti dal Buffet (Dinner only) .... Appetizer: ₩ 9,900 / Main: ₩ 18,000
   (Choice of appetizer from the antipasti bar)
   전채요리
   Piattino d'Antipasti Misti .... ₩ 9,900
   (Assorted Italian appetizer on plate)
8. Fritto di Calamari e Gamberetti con Salsa Tartara .... ₩ 7,000
   (Deep-fried squid and shrimp with tartar sauce)
   타르타르 소스의 오징어와 새우 튀김

Zuppe / 스프

9. Zuppa di Pesce alla Mediterranea .... ₩ 5,500
   (Mediterranean-style seafood soup)
   지중해식 모듬 해산물 스프
10. Minestrone alla Genovese .... ₩ 5,000
    (Mixed vegetable soup with pesto)
    전통 이태리식 야채 스프
11. Crema di Zucchine Profumata al Basilico .... ₩ 4,500
    (Baby-squash cream soup with basil)
    바실향의 애호박 크림 스프
12. Zuppa Pavese .... ₩ 4,500
    (Double-chicken consomme with egg yolk and croutons)
    계란을 곁들인 닭고기 콘소메

10% tax and 10% service charge will be added
10%의 세금과 10%의 봉사료가 가산됩니다

Primi Piatti / 파스타

13. Lasagne Verdi al Forno .... Main: ₩ 10,000 / Starter: ₩ 8,500
    (Meat lasagne)
    쇠고기 라자냐
14. Penne Gratinate alla Fiesolana .... Main: ₩ 9,000 / Starter: ₩ 7,000
    (Penne with goat cheese, tomato, basil, and mozzarella cheese)
    치즈와 토마토 소스의 펜네
15. Linguine agli Scampi .... Main: ₩ 12,000 / Starter: ₩ 10,500
    (Linguine noodles with scampi and tomato sauce)
    새우를 곁들인 링귀네 국수
16. Tagliatelle con Ragu alla Bolognese .... Main: ₩ 9,000 / Starter: ₩ 7,000
    (Tagliatelle noddles with meat sauce)
    미트 소스의 딸리아뗄레 국수
17. Ravioli di Spinaci e Ricotta al Burro e Sálvia .... Main: ₩ 9,000 / ₩ 7,000
    (Ravioli with ricotta cheese and spinach served with sage butter sauce)
    치즈와 시금치로 맛을 낸 라비올리
18. Tortellini Verdi al Tartufo .... Main: ₩ 10,000 / Starter: ₩ 8,500
    (Green tortellini stuffed with veal and white truffles in cream sauce)
    송아지고기와 백송로 버섯의 또르뗄리니
19. Gnocchi di Patate e Spinaci al Pomodoro e Basilico .... Main: ₩ 8,500 / Starter: ₩ 7,000
    (Potato-and-spinach dumpling with tomato and basil sauce)
    감자와 시금치로 맛을 낸 토마토소스의 뇨끼

Spaghetti / 스파게티

20. Alle Vongole Veraci .... Main: ₩ 9,000 / Starter: ₩ 7,000
    (With clams and white-wine sauce)
    조갯살로 맛을 낸 백포도주 소스의 스파게티
21. Amatriciana .... Main: ₩ 9,000 / Starter: ₩ 7,000
    (With bacon, onion, garlic, chili, and tomato sauce)
    로마풍의 스파게티
22. Ai Gamberi, Calamaretti e Olive Nere .... Main: ₩ 9,000 / Starter: ₩ 7,000
    (With shrimp, small squid, and black olives in tomato sauce)
    새우와 오징어로 맛을 낸 스파게티
23. Ai Frutti di Mare .... Main: ₩ 9,000 / Starter: ₩ 7,000
    (With fresh seafood)
    해산물로 맛을 낸 스파게티
24. Alla Caprese .... Main: ₩ 9,500 / Starter: ₩ 7,500
    (With tomato, basil, oregano, and fresh mozzarella cheese)
    신선한 치즈로 맛을 낸 토마토 소스의 스파게티

Secondi Piatti / 육류요리

25. Filetto di Vitello alla Crema Tartufata .... ₩ 18,000
    (Pan-fried veal tenderloin with white-truffle cream sauce)
    백송로 버섯과 크림으로 맛을 낸 송아지구이

10% tax and 10% service charge will be added
10%의 세금과 10%의 봉사료가 가산됩니다

메뉴의 예 12 : 〈라폰타나〉의 메뉴 2(해산물요리, 샐러드, 더운 야채, 피자)

26. Battuta di Filetto di Manzo al Marsala Secco .... ₩ 17,000
(Pan-fried beef tenderloin in marsala-wine sauce)
마르살라 와인소스의 쇠안심구이

27. Filetto di Manzo e Coda d'Astice alla Diavola .... ₩ 22,000
(Grilled beef tenderloin and lobster tail with diavola sauce)
바닷가재와 쇠안심 특선

28. Portafoglio di Vitello alla Salvia .... ₩ 18,000
(Veal stuffed with mushrooms, ham, mozzarella cheese, and sage)
햄, 양송이, 치즈로 속을 채운 송아지 요리

29. Piccatine di Vitello ai Funghi e Prezzemolo .... ₩ 18,000
(Veal tenderloin served with assorted mushrooms and parsley in white wine sauce)
버섯과 파슬리를 곁들인 송아지 안심

30. Lombatine d'Agnello alla Peperonata .... ₩ 18,000
(Grilled beef tenderloin with Parma ham sauce and sun dried tomatoes)
신선한 향초 소스의 양안심구이

31. Filetto di Manzo con Salsa al Prosciutto di Parma e Pomodori Secchi .... ₩ 18,000
(Grilled beef tenderloin with Parma ham sauce and sun dried tomatoes)
파마 햄 소스로 맛을 낸 쇠안심 석쇠구이

32. Pollastrello alla Diavola .... ₩ 14,000
(Gilled whole spring chicken with black pepper)
후추 맛의 영계구이

Pesci e Crostacei / 해산물요리

33. Grigliata Mista di Pesce .... ₩ 19,000
(Combination of grilled sole, prawns, squid, and shellfish)
모듬 해산물 석쇠구이

34. Gamberi Reali Grigliati al Balsamico di Modena .... ₩ 20,000
(Grilled king prawn with balsamic vinegar)
발사믹향의 왕새우 석쇠구이

35. Spadellata di Gamberetti alle Erbe e Vino Bianco .... ₩ 18,000
(Sautéed shrimp with fresh herbs and white wine)
백포도주와 향초로 맛을 낸 새우

36. Fritto Misto di Pesce .... ₩ 16,000
(Mixed fried seafood)
모듬 해산물 튀김

37. Astaco alla "Fra Diavola" .... Current Price
(Live Maine lobster "chef's special")
주방장 특선 바닷가재 요리

38. Trancia di Salmone Norvegese alla Griglia Burro al Limone .... ₩ 15,000
(Grilled Norwegian salmon with lemon-butter sauce)
레몬과 버터소스의 연어구이

39. Filetto di Branzino al Forno alle Olive Nere .... ₩ 19,000
(Oven-baked sea bass fillet with black-olive sauce)
이태리 올리브로 맛을 낸 농어 요리

40. Guazzetto di Pesci e Crostacei alla Livornese .... ₩ 19,000
(Steamed salmon, mussels, clams, scallops, and crab with white wine and ripe tomatoes flavored with basil)
바실향의 진한 토마토 소스로 맛을 낸 모듬 해산물찜

10% tax and 10% service charge will be added
10%의 세금과 10%의 봉사료가 가산됩니다

Insalate / 샐러드

41. Mista .... ₩ 4,000
(A mixed salad combining lettuce, tomatoes, celery, bell peppers, and cucumbers)
신선한 계절야채 샐러드

42. Mimosa .... ₩ 4,000
(A lettuce salad with sliced boiled eggs and anchovies)
계란과 엔쵸비를 곁들인 샐러드

43. Caprese .... ₩ 5,000
(A salad of sliced mozzarella cheese, fresh tomatoes, basil, and oregano)
카프리식의 토마토와 치즈 샐러드

44. Lattuga e Gamberetti .... ₩ 6,000
(Lettuce and shrimp salad with olive oil and lemon dressing)
올리브 오일과 레몬드레싱의 새우 샐러드

Legumi / 더운야채

45. Zucchine Trifolate .... ₩ 4,000
(Sautéed baby squash)
애호박 볶음

46. Spinaci al Burro .... ₩ 4,000
(Sautéed spinach with onions and garlic)
시금치 볶음

47. Funghi alle Erbe .... ₩ 4,000
(Sautéed mushrooms with fresh herbs)
버섯볶음

Pizze / 피자

48. Alla Napoletana .... ₩ 10,000
(Topped with anchovies)
나폴리풍의 엔쵸비 피자

49. Ai Frutti di Mare .... ₩ 10,000
(Topped with mixed seafood)
해산물 피자

50. La Fontana .... ₩ 10,000
(Topped with ham, mushrooms, garlic, chili, artichokes, olives, and anchovies)
주방장 특선 모듬 피자

51. Calzone .... ₩ 10,000
(With capers, mushrooms, and ham)
버섯과 햄을 넣어 만든 반달형 피자

52. Alla Siciliana .... ₩ 10,000
(Topped with roast peppers, garlic, sun dried tomatoes, anchovies, and capers)
고추, 마늘, 케이퍼를 넣은 시실리아풍의 야채 피자

10% tax and 10% service charge will be added
10%의 세금과 10%의 봉사료가 가산됩니다

메뉴의 예 15 : 〈동 페리뇽(Dom Perinon)〉의 저녁 메뉴

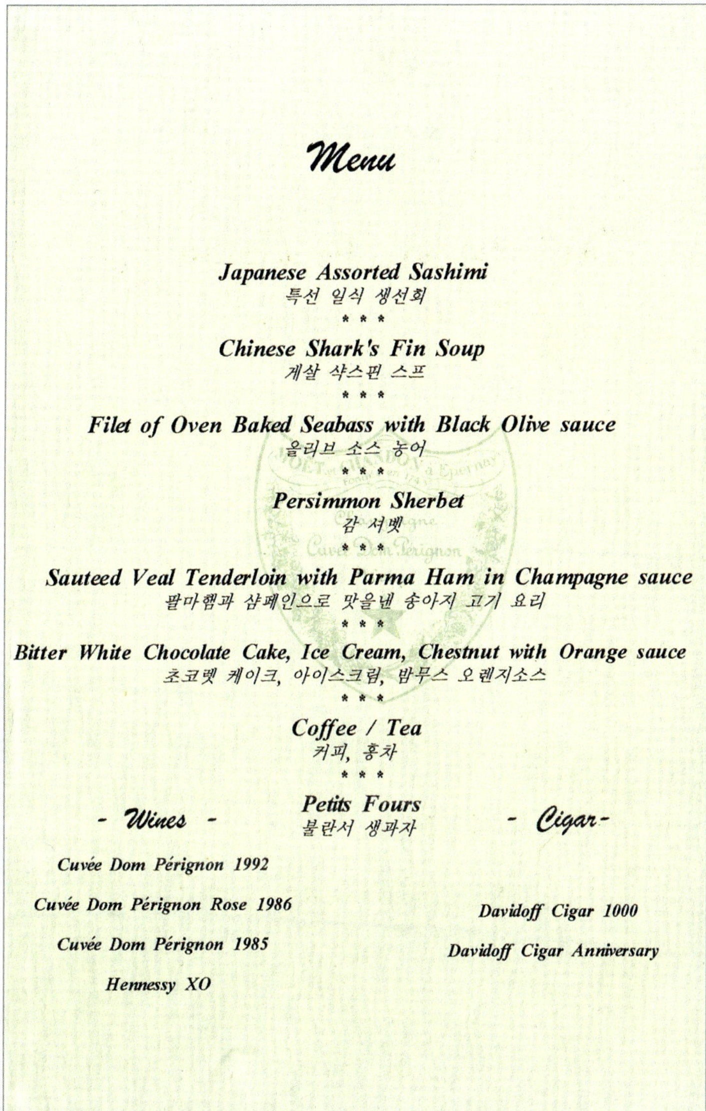

Menu

Japanese Assorted Sashimi
특선 일식 생선회
* * *

Chinese Shark's Fin Soup
게살 샥스핀 스프
* * *

Filet of Oven Baked Seabass with Black Olive sauce
올리브 소스 농어
* * *

Persimmon Sherbet
감 셔벳
* * *

Sauteed Veal Tenderloin with Parma Ham in Champagne sauce
팔마햄과 샴페인으로 맛을낸 송아지 고기 요리
* * *

Bitter White Chocolate Cake, Ice Cream, Chestnut with Orange sauce
초코렛 케이크, 아이스크림, 밤무스 오렌지소스
* * *

Coffee / Tea
커피, 홍차
* * *

Petits Fours
불란서 생과자

- Wines -

Cuvée Dom Pérignon 1992

Cuvée Dom Pérignon Rose 1986

Cuvée Dom Pérignon 1985

Hennessy XO

- Cigar-

Davidoff Cigar 1000

Davidoff Cigar Anniversary

강성부. 계량적 메뉴관리 방법론. 효일출판사. 2004.

김기영 · 함형만 · 엄영호 · 김이수. 메뉴경영관리론. 현학사. 2009.

김상태 · 조용범. 호텔 이용고객의 메뉴 선택 행동에 관한 연구. **한국조리학회지**, 13(1), 2007.

김영신 · 조은정. 클릭! 미래속으로!. 21세기 북스. 1999.

김용권 · 김동호. 국제마케팅 전략. **한국외식산업학회지**, 5(1), 2009.

김윤태. 호텔 · 외식산업 메뉴관리론. 대왕사. 2006.

김인화 · 한경수. 업종별 메뉴의 색채 분석에 관한 연구. **디자인학연구 통권 제72호** 20(4), 2007.

김현태 · 장병주. 관광호텔 주장부문 메뉴켓 디자인에 관한 연구. **한국마케팅과학회**. 2002.

나정기. 메뉴개발에 새로운 접근방법에 관한 연구. **외식경영연구** 7(1). 2004.

나정기. 메뉴관리의 이해. 백산출판사. 2009.

나정기. 변혁의 시대와 국내 외식산업의 발전방향. **외식산업산학협동 학술세미나**. 2004.

나태균 · 문성원. 메뉴 이름의 제시유형에 따른 광고 효과 분석. **한국외식경영학회 외식경영연구**. 2008.

남외자 · 박헌진 · 정진우. 레스토랑과 메뉴의 선택 요인에 관한 연구. **외식경영연구**, 10(2), 2007.

류승권. 단체급식 산업의 메뉴 개발전략. **식품과학과 산업**, 34(3), 9. 2001.

박정화. 레스토랑 메뉴 전략 영향요인에 관한 연구. **호텔관광연구**, 8, 2002.

배윤선 · 이현주. 웹 사이트의 유형 분류에 따른 정보 설계 및 메뉴디자인의 특성 연구. **디자인학연구 통권 제51호**, 16(1), 2003.

양일선 · 이보숙 · 차진아 · 한경수 · 채인숙 · 이진미. 단체급식. 교문사. 2009.

엄은경 · 박경곤. 레스토랑 메뉴 선택 속성과 고객만족. **문화관광연구**, 9(1), 2007.

원융희 · 박정리. 히트메뉴로 승부하라. 효일출판사. 2005.

원융희 · 이보연 · 김준원. 레스토랑메뉴디자인. 신광출판사. 2003.

월간식당. 1월~8월호. 2009.

월간식당. 3월~12월호. 2008.

유정봉. 외식산업의 메뉴마케팅 전략에 관한 연구. **한국관광산업학회**, 13, 1999.

윤덕인. 외식창업과 메뉴개발론. 신광출판사. 2007.

이귀복. 메뉴플래닝. 백산출판사. 2007.

이애주. 식음료관리론. 일신사. 2000.

이은정 · 이영숙 · 이종길. 호텔 조리부의 메뉴 개발전략. **외식경영연구**, 9(3), 2006.

이정자. 메뉴관리. 기문사. 2000.

이종신. 메뉴북의 바탕색과 활자의 가독성이 메뉴 선택에 미치는 영향에 관한 연구. **한국조리학회지** 13(2), 2007.

전소현. 메뉴개발의 새로운 접근방안. **외식경영연구**, 7(2), 2004.

정혜정 · 천희숙. 조리산업계의 미래와 방향. **식품산업과 영양**, 11(2), 2006.

조광익 · 안현영 · 노윤구. 패스트푸드점의 웰빙메뉴가 고객만족에 미치는 영향. **관광연구**, 20(3), 2006.

조용범 · 강병남. 신메뉴관리론. 대왕사. 2008.

조춘봉 · 김영갑 · 김선희. 레스토랑 메뉴경영론. 대왕사. 2008.

조춘봉 · 김현철. 호텔식음료메뉴경영론. 형설출판사. 2003.

진양호 · 강종헌. 메뉴관리론. 지구문화사. 2009.

차석빈 · 임주환 · 이애자. 향토음식 메뉴개발에 관한 연구: 천안 지역을 중심으로. **외식경영연구**, 3(2), 2000.

최영준 · 박헌진 · 정진우. 메뉴관리론. 대왕사. 2006.

최정길 · 이병우. 메뉴판 위에서의 시선 이동과 메뉴 선택에 관한 실험 연구. **한국호텔외식경영학회 호텔경영학연구**. 2008.

최주락 · 이영숙 · 안형기 · 김상철 · 이인성 · 함형만 · 조재철. 메뉴 기획관리론. 백산출판사. 2008.

Miller JE. Menu pricing & strategy. *Van Nostrand Reinhold*. New York. 1992.

http://www.cj.net(CJ).

http://www.hotelrestaurant.co.kr(호텔레스토랑).

http://www.lotteria.com(롯데리아).

http://www.ourhome.co.kr((주)아워홈).

http://www.outback.co.kr(아웃백 스테이크하우스).

http://www.pierregagnaire.co.kr(피에르가니에르 서울).

http://www.tomntoms.com(탐 앤 탐스).

http://www.yamsem.co.kr(얌샘).

http://www.angelinus.co.kr(엔젤리너스).

http://www.dunkindonuts.co.kr(던킨도너츠).

http://www.foodnara.com(푸드나라).

http://www.istarbucks.co.kr(스타벅스).

http://www.jukstory.com(죽이야기).

http://www.redcappizza.com(빨간모자피자).

http://www.suyouki.co.kr(스포츠&비어 서유기).

http://www.ti-amo.co.kr(카페 띠아모).

찾아보기

저자소개

성기협

세종대학교 박사 과정
서울 프라자호텔 조리팀 근무
일본 동경 게이오프라자호텔 연수
외식산업 창업 및 컨설팅
현재 대림대학 호텔관광외식계역 교수

박헌진

세종대학교 이학박사
한국조리학회 이사
소상공진흥원 컨설턴트
신라호텔 사업개발팀 근무
현재 영산대학교 호텔관광대학 교수

채경연

세종대학교 이학박사
한국 외식산업학회 이사
국가 기술자격 검정위원(한국산업인력공단)
현재 오산대학 관광외식산업과 교수

최미경

세종대학교 조리외식박사
숭의여자대학 외래강사
세경대학 외래강사
대림대학 외래강사
현재 세종대학교 외래강사

최우승

세종대학교 조리외식박사
한국식공간학회 이사
대림대학 호텔관광외식계열 겸임교수
세종대학 외래강사
현재 수원대학교 외래강사
푸드스타일링, 레스토랑 컨설팅

메뉴 관리론

2010년 1월 4일 초판 발행
2017년 8월 17일 5쇄 발행

지은이 성기협 · 박헌진 · 채경연 · 최미경 · 최우승
펴낸이 류 제 동
펴낸곳 교문사

편집부장 모은영
책임편집 성혜진
본문디자인 꾸밈
표지디자인 황옥성
제작 김선형
영업 이진석 · 정용섭 · 진경민

출력 현대미디어
인쇄 삼신인쇄
제본 한진제본

주소 (10881)경기도 파주시 문발로 116
전화 031-955-6111(代)
팩스 031-955-0955
등록 1960. 10. 28. 제406-2006-000035호

홈페이지 www.gyomoon.com
E-mail genie@gyomoon.com
ISBN 978-89-363-1021-9 (93590)

값 16,000원
*잘못된 책은 바꿔 드립니다.